老是一種幸福

長年紀，也長智慧的八項思考

邱天助 著

目錄

老是一種幸福

序 老了，怎麼活？

擺脫年輕的羈絆，迎接老年

老（old）是個既模糊又複雜的概念，何謂「老年」或「老人」，至今，我們仍然無法達成令人滿意的一致性定義。因為，在生命旅程中，跨入年老世界的路徑或門檻不只一道，有生物、社會、經濟、法律、職業的標記，也有心理、情感和文化的界面，彼此交織、相互接續，構成一幅看似簡單，卻又朦朧不清的老年畫面。

因此，幾乎所有「老年學」（Gerontology）的研究都指出，「老」沒有單一的模式，也沒有統一的進程。每個人體驗或意識到老的來臨，時間不同，步調也不一致。何時會老？甚麼狀態稱為老？總是因個人的心態、條件而異，因時空的變化而不同。

然而，「老化」（ageing）卻是不可否認，也無法迴避的生命歷程。即使現代抗老醫療科技的發達，也只能延緩老化的節奏，無法翻轉時間的沙漏，褪去歲月在我們身體上、心理上所留下的痕跡。如何面對老化，或用甚麼姿態來迎接老化，是高齡化社會中每個人必須思考的生命課題。

綜觀今日社會的生活體系，無論工作、飲食、服飾、流行、居住、交通、教育或娛樂、運動，主要是基於四、五十歲，甚至二、三十歲人的生活需求而設計，也藉由他們的雙手、思維和理念而建造，「老年」總是處於邊緣裡曖昧不明的生活領域。在「青春崇拜」的社會潮流下，許多老年人只能模仿年輕人的生命樣態而存在，不是期待「逆齡」翻身，讚頌「不老」神話，就是只能當個「青春啦啦隊」，為年輕鼓掌歡呼，猛然回頭瞥見自己一身落寞，只能慨嘆前塵不勝唏噓。

從文化研究的角度而言，這是一個「年輕殖民」的世界。在「青春霸權」流行勢力的擴張下，人們的意象與生活中，不斷歌頌年輕的美好、鞏固年輕的價值。不管日常生活語言、文化傳播，都顯現青春勢力對老年生活世界的侵蝕、散播、滲透和占領。由於老年失去獨特的生命魅力，使得許多年老的人只能以年輕為主體的表述和生活方式，來確認自我身分，肯定自我價值，冀求在老年的身體上、心靈上塗抹年輕的漆痕。於是，「我不老，我還年輕。」變成生命的執拗、價值和神話。從而，在生活世界中，年輕和老年的文化壓迫、對立地位，轉變為滲透和認同關係。在認同倒置的情況下，錯失以老年自己為主體的生活建構能力和機會。

五十年前，台灣人「平均餘命」只有六十幾歲，老年只是生命的殘餘，生活只是苟延殘喘，形成邊緣性的存在。如今，國人「平均餘命」已達八十，六十五歲以上的人也超過總人口的百分之十二。在少子化的趨勢下，再過五十年，老年人口結構比將高達百分之四一點一，成為社會體系中主要的人口群。其中，八十歲以上人口明顯的急遽增加。依據聯合國的人口統計，2005 年全球八十歲以上的人口僅有八千八百萬人，預期在本世紀中期會增加到四億。而且，百歲人瑞增加速度，更高於八十歲以上的人口。

今天，在正常情況下，一個人活到八十五歲，是可以期待的壽命。換言之，人生有將近四分之一的時間，是處於老年期的歲月。因此，「老年」或「老人」要怎麼活？如何脫離年輕的牽絆，建構具有主體性的美好老年生活世界？就成為我們可以思考，也必須思考的方向。

擁抱美好生命，優雅老化

長久以來，由於老年生活缺乏典範可循，至今仍然處於一個尚待開發的未知領域，卻也因而充滿各種可能性。以社會心理學家艾瑞克森（E.H.Erikson）的危機理論而言，老年是矛盾處境的交叉點。生活上，老化會帶來障礙和挫折，也會帶來機會和期望。因此，老年生活總是處於失望與統整、困境和契機兩端之間的拉扯。老了可能只是擁抱孤獨，也可能融入群眾；可以消極地等待，悄然告別，也可以積極地開發新的生命；或許滿心喜悅覺得一生無悔，也可能憂悶懊惱這輩子一事無成。但不管如何，每個人都期待晚年生命的美好。

依據世界知名的德國民意調查研究機構阿倫斯巴赫（Allensbach Institute for Public Opinion Research）的調查，在百分之八十三的記者和公眾眼中，皆相信長者有更多時間，或物質條件去做自己喜歡的事，因此機會是伴隨年長而來；百分之八十五的受訪記者認為，老年的畫面不應只是廣告所播出的白髮蒼蒼、滿臉皺紋，更不是只憂傷地呆在養老院靜待生命漸漸的褪色。社會和個人都非常有必要改變長者的形象，特別突出年長所擁有的機會和潛力。

為了強調老化的積極面向，世界衛生組織（WHO）提出「活躍老化」（active ageing）的老年生命計畫，重視生理、心理和社會層面的發展，希望增進老年的身體健康、社會參與和生命安全，提升晚年生活品質，維護老年生命的尊嚴。二、三十年前來，德國心理學家巴爾迪夫妻（P. B. Baltes & M. M. Baltes）所進行的「成功老化」（successful ageing）研究，也成為哲學、醫學、社會學、心理學和老年學的探討議題。然而，何謂成功老化並無普遍共同接受的標準，指標的設定仍然成為爭議。

老年學家勞頓（M. P. Lawton）則認為老年的美好生命，包含四個向度：一、行為能力，包括健康、知覺、動作和認知；二、心理幸福感：快樂、樂觀，以及心理慾望和目標達成之間的一致性；三、覺察生活品質：對家庭、朋友、活動、工作、收入和居住的主觀評估；四、客觀環境：住家、鄰居、工作和收入等等的客觀事實。我們常說「知足常樂」，依勞頓的說法，美好生命就是客觀條件和主觀認知之間的和諧。

在老年心理學的各派理論中，巴爾迪等人所提出的「選擇、強化、補足」（Selective Optimization with Compensation）模式，經常被人引用。巴爾迪認為進入老年之後，精力、資源和社會互動逐漸受到限制，因此必須強調重質不重量的生活模式。透過生命意義、生活興趣和能力資源的評估和選擇之後，慢慢縮小生活目標和人生規劃，集中焦點去強化、深化特定的志趣，讓有限能量發揮更高的價值，也讓老年生活過得更充實、愉悅而有意義。

近年來，歐洲國家如英國、瑞典、德國，都積極倡導「優雅老化」（ageing gracefully）的生命風格。老年不需隱藏時間的過往，強調以信心、誠懇和喜悅的態度，坦然接受老化的事實，並且再次發現新的事物和興趣，讓老年生活過得獨立、自主和尊嚴，邁入藝術的境界，譜寫優美的生命樂章。老年毋需每天攬鏡自照，感嘆容顏老去。雖然，身體有老化的跡象，但仍然不憂不懼。簡單的說，優雅老化的生命風格強調，凝視老年，但擁抱之（Looking old, but embracing it）。

如何優雅老化，享受美好

擁抱老年，如何才能優雅？眾說紛紜。根據紐約時報醫藥記者溫特勞伯（Karen Weintraub）訪問多位醫生後的報導指出，優雅老化的秘訣包括定期運動、地中海型的飲食、少菸酒、適度睡眠、遠離情緒、控制血壓、注意維他命和礦物質的攝取、結交知己、保持學習、避免糖尿病。

暢銷作家，《天才種子》（Seed of Genius）的作者古普塔（Ankur Gupta）認為優雅老化的關鍵，在於持續工作、獨立居住、保住老本、不要相信孩子的照顧承諾、擴大交友圈、不要邋遢、不干涉孩子的生活、不要倚老賣老、傾聽他人所說，以及崇敬神，相信生命的永恆不滅。

無疑的，保持健康是老年優雅的最大任務和挑戰。但健康指的並非身強體壯、無疾不衰，或日行千里、肩挑百斤。國際衛生組織對健康的定義，是「身體上、心理上和社會上，某種恰當的狀態。」對老年人而言，健康指的是「當前處境中，最佳的運作能力和狀況。」換言之，年老力衰並非健康不良，只要具有存活所不可或缺的執行能力，包括體力活動、體能自主、日常工作、社會結合和經濟自足，都可說是一位健康的老人。健康的努力並非旨在防止老化，而是維持老年生活的自主性。如何調配飲食、定期運動、接近醫療，老年都應具有充分的知識和訊息。

經濟能夠獨立、自主，也是優雅老化的主要條件之一。老年可以降低物質的慾望，但仍需維持足夠的基本開銷。在「新自由主義」的浪潮下，不久的將來，老年人要純靠政府年金過活的夢想，越來越遠了。即使美夢成真，也不再那麼漂亮，退休後可以無憂無慮的過日子。因此，退休或老年的「儲蓄規劃」是必須面對的生活任務。

在高齡化社會中，延後退休或老年繼續工作，將是未來的趨勢。除了退休年金和儲蓄之外，老年人也必須有心理準備，工作也是收入的來源之一。在法文的原意中，工作（travail）本是一種折磨（torture）。古時貴族階級皆藐視工作，外出工作既不高尚也不光彩。在現代社會中，工作是身分地位的表徵，也是成就感的來源。因此，老年還能工作是件好事。如果，幸運的，老年不必為生計打拼，改變工作的意義，更是人生的幸福。

在刻板印象中，老年生活總是跟休閒連結在一起。辛苦一輩子，退休後難得清閒。然而，這種觀念已經被有活力退休的概念所取代。對於成天無所事事的人而言，如何找到生命的新意義，讓生活有所憑靠，是現今老年人的一大挑戰。在新的老年生命概念中，生活並非僅是休閒，休閒是站在工作的對立面；沒有工作，就沒有休閒。

有一群退休的老朋友，剛開始對天天放假的日子，感到無比興奮與期待，一年多相見，卻說常常為「今天何處去」而傷腦筋。對於退休就停止工作者而言，雖然可以享受短暫無所事事的悠閒日子，但是如果只是閒散過日，常常必須為今天從事何種休閒活動而煩惱。於是，休閒就會變成一種壓力，成為困惱和焦慮的來源。因此，即使是一種休閒活動，除了娛樂以外，也希望能具有生產性和成就感，才會變得更有意義。

在強調創造性和生產性的老年生活中，教育和學習是人生中不能停止的活動。對老年人而言，教育不是打發時間的閒散活動，而是繼續知識生產和自我實現的過程。年輕人的教育大部分是為了工作需要，很多老年的學習是完成未了的心願。法國教授韋拉（P. Vellas）1973 年在土魯斯（Toulouse）創立「老人大學」的用意即在於此。

老年的依存關係：從居家到養護機構

雖然，獨立自主是優雅老化的要件和目標，依存狀態也不必然跟年老有關。但縱觀人的一生，在許多生活層面，每個人彼此都存在著依賴關係，包括體力、家庭、情感、工作、社會和經濟，也包括住家、環境和自然。

研究指出，年過六十五歲，幾乎可以完全無缺無殘生活的時間，女性約有六年，男性約有九年。但到八十歲，只有百分之二十五的人，能夠完全自主，很多人不殘即缺。很多時候，老年生活必須仰賴依存關係，包括情感交流、居家照顧、福利津貼等等。因此，老年生活必須理解和維繫自己跟重要他人、生活環境與社會制度間的「依存關係」。包括夫妻相處、兒女對待、居家環境、醫療照顧、養護機構，以及福利制度等等。

隨著生命的延長，在高齡化社會中，會有人數愈來愈多、相處愈來愈久的老年夫妻，甚至高齡夫婦。雖然，由於經濟、情感和其他實用的因素，婚居比較容易長壽，但仍然要通過美好、和諧婚姻生活的關卡。研究指出，退休會衝擊夫妻生活，尤其提前退休，有更多機會造成生活的磨擦和衝突，對夫妻生活影響更大。老夫老妻如何相處，將是形成某種新家庭經驗的考驗。

現代社會是以父母和兒女組成的「核心家庭」最為普遍，數代同堂已不多見。但在華人社會中，家族生活仍然是重要的文化傳統，全家團聚依然是很多老人家生命中的圓滿。在情感、倫理的思考中，我們的家庭仍然包含祖父母，甚至曾祖父母。除非不得已，在華人社會中，很少人會將年老父母送交養老院，即使不得已，也會儘量延後。因此，如何維繫家族親情，心聯繫、情相牽，又不會造成彼此之間的壓力和緊張，也是老年生活中的重要關卡。

老年與兒女之間的關係維持，獨立互惠是相處之道。今日社會，我們越來越難期待孩子知恩反哺。然而，如果年輕時因為養育孩子，無力為自己累積足夠的「老本」，年老必須「被孩子養」，需要感恩，但毋需抱歉，甚至感到慚愧、恥辱。因為，就像父母養孩子一樣，孩子養父母，都是人類社會中珍貴的生命倫理和文化資產。

此外，高齡化社會中，年老婦女的生活必須受到特別的關注。因為，女性往往比男性長壽，年老婦女常常注定要單獨過一段日子。如何享受孤獨而不感寂寞，需要有生命的智慧；年老婦女雖然勞碌一生，但由於社會體制的性別偏誤，晚年經濟狀況往往比較拮据，如何維持基本開銷，也是一大問題；而一些五、六十歲的婦女，雖然從褪下養育兒女的角色，但接下來可能要「重作馮婦」，擔負照顧父母或公婆的工作。因此一向堅毅成性的婦女，當兒女各自成家，如何擺脫生理、家庭和社會的約束，在社會中尋求新角色，活出自己，不必在罪惡感的情緒下，享受自由，成為生命的一大挑戰。

最後，不應避諱的，老年必須面對死亡問題。「無疾而終」是年老的夢想，但多數人病死醫院。臨終時，撐眼所見常常不是家人親友，而是醫生護士，經常在生死關頭自我獨行。如何在死亡階段，擺脫悔恨、焦慮、恐懼和憤怒，讓生命仍然擁有發揮餘地，為自己爭取「得體的死亡權」，維持生命最後的尊嚴與自主，也是優雅老化的目標。

《老是一種幸福》的書寫

可以預見的，高齡化社會的來臨，勢必影響，甚至改變工作、教育和休閒的時間分配，不同世代的生命價值，個人和群體對死亡的看法，影響、改變社會的價值觀、文化流行，以及政治取向。

由於長久從事老年學的研究工作，本身也進入法定的「老人」之一，因此本書的書寫必然充滿「老年的主張」，強調老年的正面價值與積極能量，但也不會鴕鳥式的刻意迴避老年必須面對的困難和挑戰。

以往，不管是老年衰退說或成功老化論，有關老年和老化的論述，往往被困於狹隘和二元對立的思維模式。衰退的敘事，認為老化的身體是脆弱、耗損、被動和依賴，沒有生產性；成功老化則是以年輕的身體作為生命的模本，忽視老年的能力和獨特性。

本書則以「肯定老化」（affirmative ageing）的立場，承認並且接受老化的不可避免的事實，但並非就意味著必須放棄改善外表、身體健康、精神面貌、情緒平衡和生活幸福的任何企圖。相反的，我們比以往任何時候更要好好照顧自己，讓自己更加成熟，捍衛生存的每一個層面；我們也接受我們應有的責任，包括生理、心理、情緒和精神。

每一個年齡、每一個生命階段，都具有神話般的魅力。我們拒絕屈就、順從流行文化所傳播的年輕和剝削的美學文化，我們不會用青少年模式來框住自己的生活，不會迷惑於好萊塢美感文化的召喚。我們充滿自信、自覺，發揮自己的潛力，實現自己的夢想。

《老是一種幸福》一開始就挑戰老年的禁忌——「死亡」，因為，唯有掙脫死亡的焦慮，老年才能有開闊的人生；其次再談「告別」，去思考如何告別，才能為自己留下優雅的身影；其三是「年紀」，主要的重點是破除年齡的恐懼，不會以年老為恥，老要活得挺直；四談「智慧」，雖然年老不會變得更聰明，但應該變得更有智慧，這也是自古以來老人的象徵和期待。

五談「孤獨」，強調孤獨是老年的存在方式與生命能力，如何積極的面對孤獨，是老年必須思考的課題；六談「工作」，老年並非不工作，重要的是改變工作的意義，才能顯現老年的生命價值；隨後談「老伴」，如何與另一半共老是老年幸福的關鍵，但老年夫妻不一定可以作伴，因此，老伴不等於另一半；最後談「身體」，老年的身體不只是健康的關注，能打破「不老」的迷思，掙脫虛假的的青春模仿，才能活出老年的主體性。

事實上，一個多元自主的社會，沒有人可以規範老年應該如何生活，本書的觀點也只能僅供生活的選擇和參考。但是，在「老年意識」的堅持下，強調老年必須掙脫老化的污名和恥辱，毋需對自己的外貌感到憎惡，對自己的能力產生懷疑，而讓自己在心理和肉體處於自卑、自嘆、自憐，甚至憤怒、懊悔和焦慮的狀態。老年不是只能當站在邊緣當個觀眾，也可以主動的建構自己的角色和地位，在生命的舞台盡情地揮灑演出，顯現老年的生命力和可能性。

第一篇 free and easy

死亡

死，固然令人傷悲不捨，重要的是我們現在活著。

死亡，人類共同的恐懼

老，要幸福，必須以死亡作為思考的起點。因為，突然有一天，在我們的心底隱約浮現一絲微弱的聲音：「你老了！」，或是午夜夢迴突然醒悟：「我已經老了！」，往往是在意識到死亡悄悄逼近的剎那間。從那時起，不自覺的，人們會用「餘生」來思考未來，而非以出生日期來計算歲月。

「我們和其它動物不一樣，因為我們會獨特地意識到自己的必死性。」美國克利夫蘭州立大學心理學教授韋爾（Ken Vail）說：「其它動物當然也會意識到牠們會死。如果獵豹追逐著羚羊，或是追逐著我們的時候，我們和羚羊都會出自本能的逃跑，這是一種即時性的死亡威脅。不過，我們和羚羊不同的是，羚羊不會坐在舒適的辦公室裡頭，想著自己終究有一天會死亡。」他說，即使我們不去積極的思考死亡，死亡還是盤據在潛意識裡頭。

1933 年出生的美國作家菲利普．羅斯（Philip Roth），在自己的的小說裡，曾經這樣描述每一個人物特徵：每個平靜理性的人，在他們的身體裡都藏有另外一個自我，一個對死亡充滿恐懼的自我。羅斯說，當看到親友一個接一個的被抬入墳場時，我們必須被迫去面對一個殘酷的真理：老年不是一場戰鬥，而是一場殺戮。必然的，每個人的生命之旅，最後都會被逼到一條無處可逃的狹巷。

然而，生命總是讓人眷戀不已，死亡成為人類共同的恐懼。雖然我們知道，有生即有死，生命的開始必然伴隨著旅程的結束。但是人們無法完全消除對死亡的所有恐懼，因為動物都有生存的本能。死亡否定了生命，因而我們只能像溺水一般，不斷掙扎，只盼在完全被淹沒之前，能再次吸取任何一絲屬於生命的氣息。

法國意識流作家普魯斯特（Marcel Proust, 1871-1922）在《追憶逝水年華》（À la recherche du temps perdu,1913）中寫道：「我們對生命的眷戀，只不過像一種年久日深，擺脫不掉的愛情關係，它的力量在於它的持續不斷。一旦死亡割斷這種關係，我們想長生不死的願望也將消除。」

死亡之令人恐懼，除了意味生命的終結之外，它是一個經驗性的必然，卻又無可預測。

知其必然，卻不可預料，因而更會加深人們心裡的不安。甚至，因死亡的原始焦慮，而引發出許多不適應的身心狀態。

許多對老的焦慮，往往源自於死亡的莫名恐懼。試想，如果在生命旅途中，沒有死亡的終點界碑，老又何所懼哉？當感受到死亡就在不遠的地方等候，因而產生來日無多的壓力或焦慮，常常是造成老年生命停滯、困頓，甚至悔恨的主要原因。

幾乎所有的國內外研究都顯示，「死亡焦慮」是影響老年生活調適，造成心理疾病的重要因素。老年的死亡焦慮包括「對瀕死過程的焦慮」、「對死後世界的焦慮」及「對喪失的焦慮」。許多人會擔心在瀕死過程中，可能遭受的痛苦和折磨感到焦慮；對死後世界的無知，也會令人不安；而剛踏進老年期的人，則較容易對死亡所造成的喪失，感到沮喪。

恐懼管理理論的死亡提醒假說

1984年，美國堪薩斯大學（University of Kansas）的三位心理學家傑夫．格林伯格

（Jeff Green berg）、謝爾頓·所羅門（Sheldon Solomon）和湯姆·匹茨辛斯基（Tom Pyszczynski）提出了一個著名理論，稱之為「恐懼管理理論」（Terror Management Theory, TMT）。這一理論的基本觀點是，每個人都有對死亡的恐懼心理，並且為了緩解對死亡的恐懼，因而創立了文化世界觀，這種文化世界觀可以使人們感覺象徵性的超越死亡。理論提出之後，曾受到很大的質疑，但隨著越來越多的學者，就人類的死亡心理展開研究後，逐漸發現這一理論具有普遍適用性。

根據「恐懼管理理論」的假說，人類需要自尊，因為自尊的自我調節機制，提供的彈性空間，能夠讓我們緩解焦慮。當自尊強大時，焦慮得到緩解，個體能正常的生活、有效的行動；當自尊弱小或受到挑戰時，個體擔心可能會洩漏內心的恐懼，從而引發種種防禦動作，並通過各種補償性的行為，提升自我價值感。這就是「恐懼管理理論」的第一個基本假設：「焦慮緩衝假說」(The Anxiety Buffer Hypothesis)。

「恐懼管理理論」進一步指出，人們追求自尊，不僅僅是為了擺脫他們所正在經歷的焦慮，更是為了逃避那種天生對死亡必然性的認識，所帶來的焦慮。即使，人們此時此刻並沒有思考有關死亡和永恆的問題，對自尊的追尋依然在繼續。因為，人們早已在潛意識中，預見到了最終的命運。由此，引發了「恐懼管理理論」另一個重要假設：「死亡提醒假說」(Mortality Salience Hypothesis)。

在恐懼管理理論的引導下，科學家實施了幾百次調查研究，發現人類對於死亡的恐懼和擔憂，會影響到信仰和行為。負面的會讓人類產生偏見、產生群體性衝突，甚至是產生恐怖主義和侵略性行動等等；而正面則可讓人追求更高的成就，在藝術領域和創造性領域，做出更多貢獻等等。在個人方面，會影響到一個人的健康活動、生活習慣等等；在社會方面，則會影響到市場變化、消費主義和環境保護主義等等。

死亡的唯一解藥，就是永生。恐懼管理理論主張，當人們面對死亡的想法時，就會轉向那些他們相信，能讓他們意義上或比喻上得到永生的事物。宗教中承諾死後會有天堂或轉世投胎，以及科學中期待以某些方式延續生命，都給人帶來了永生的希望。

比較常見的是，很多人都希望歸屬於一個比他們生命更長久事物的一部分。例如，恆久存在於文化體系的價值觀、道德觀。當人思考死亡的時候，就會更緊緊地抓牢他們所參與的文化體系，以及他們持有的世界觀。這種象徵性的永生希望，可使恐懼死亡的心靈得到平靜。

所羅門等人所寫的《果核中的蟲》（The Worm at the Core: On the Role of Death in Life,2015）一書中，記載了恐懼管理理論的實證研究，參與者是亞利桑那州圖森市法院的二十二名法官。他們被委任為涉嫌賣淫的人設定保釋金，但是被要求事先進行問卷調查。一部分的法官只被問及有關性格的問題，另一部分的法官又被加問了兩道有關死亡的問題：「請簡短的形容你的死亡會讓自己產生的情緒」，以及「儘量具體的寫下你肉體死亡的時候會發生什麼事，以及死後會發生什麼事。」

研究顯示，前一部分法官設定的保釋金為五十美元，等於當時的標準保釋金。而後一部分思考到死亡的法官，平均上設定的保釋金，比該數目高出九倍。這說明了，當人們思考死亡時，會更牢牢地擁抱自己的道德觀。

研究人員後來對學生進行同樣的研究的時候，發現那些認為賣淫是「道德上應該受到譴責」的學生，也會選擇設定更高的保釋金。之後，更多研究都顯示了這方面的傾向：當人們思考著自己的必死性的時候，人們寧願選擇和他們同樣的（文化、種族、國家或宗教）群組的人，而排斥這些群組之外的人。

然而，研究也顯示，面對死亡也會促使人們去幫助別人、捐作慈善、投入關懷的家庭和人際關係當中。研究發現，有同理心的人在受到死亡的提醒之後，更有可能原諒別人的冒犯；另一項研究中，原教旨主義的宗教人士，在思考自己的必死性之後，會變得更富同情心。2001年9月11日的恐怖襲擊事件之後，死亡有一段時間是許多美國人心裡的最大夢魘。911事件之前和兩個月之後的調查顯示，人們在911事件之後表現的慈祥、恩愛、希望、靈性、感恩、領導能力及團隊精神都有增加。甚至，這些特性在襲擊事件的十個月後，還繼續維持，雖然其程度稍微減少。

不過，英屬哥倫比亞大學心理學教授史蒂芬・海涅（Steven Heine）認為，死亡未必是一個那麼獨特的威脅。他在2006年和崔維斯・普路（Travis Proulx）、凱瑟琳・沃斯（Kathleen

Vohs）提出了「意義維護模式」（Meaning Maintenance Model）。這個模式主張，思考死亡的確會激發這些態度及行為，但是背後的理由卻不一樣。

根據他們的理論，死亡是一個對我們理解世界方式構成威脅的事物，和未知、被朋友排斥，甚至是在一副撲克牌中找到一張紅色的黑桃Q一樣。這些事物都會打斷原本所謂的「意義框架」，就是我們對世界運作的理解。當我們思考著我們都會死的時候，這會讓我們質疑這些所有的生命意義框架。

根據這個理論，死亡的想法，還是會引導人們維護他們的世界觀，不過，這是因為當人們面對像自己的必死性，那麼令人混淆的概念時，他們就會轉向生命中，其它對他們還有意義的事物。海涅說，死亡和別的事物不一樣的是，死亡沒有解決方法。但是，你可以嘗試糾正其它對意義的威脅，或者改變你的世界觀，以容納新的信息。

死亡的哲學思考

希臘斯多亞學派（Stoicism）的創始人季諾（Zeno, 335-264 B. C.）認為，人類雖然無法控制自己外在的命運，卻可以調整自己對命運的態度；我們無法改變死亡的客觀事實，可以掌握的只有對死亡的信念與態度。這種面對人人必然有死的信念與態度，以致形成的信仰和力量，正是老年尋找安身立命之道的根源與基礎。

東方儒家哲學往往避談死亡，所謂「死生有命、富貴在天」、「未知生，焉知死」。日常生活中，死亡也常常成為話題的禁忌。尤其，在老年人面前談死亡，更是觸人霉頭的不敬。於是，死亡就被幽禁在無底的深淵，無以探知。

古希臘享樂主義的哲學家伊比鳩魯（Epicurus, 341-270 B. C.）也避談死亡，甚至否認死亡的存在。他說：「死亡和我們沒有關係，因為只要我們存在一天，死亡就不會來臨，而死亡來臨時，我們也不再存在了。」伊比鳩魯認為對死亡的恐懼是非理性的，因為死後一無所知，活著時根本無需恐懼死亡。活著就是好好享受生命，快樂的過每一天，等死亡自然來到時坦然接受，害怕死亡只是浪費生命。

在分支龐雜的當代哲學門派中，存在主義（Existentialism）對於死亡與焦慮的探索最為深入。齊克果（S. Kierkegaard, 1813-1855）、雅士培（Karl Jaspers, 1883-1969）、海德格（Martin Heidegger, 1889-1976），對死亡都有許多發人深省的思考。

存在主義哲學中，「焦慮」指的是一種人類的狀況，一種對於虛無、空虛、無意義的憂懼，這種憂懼是一種沒有特定對象的莫名恐懼。四十二歲就憂鬱離開人世的存在主義之父齊克果認為，在人類生活中最真實的情感就是焦慮，它無時無刻都伴隨著我們。人們希望能避免這種焦慮，所以企圖在團體中抹煞自己的身分，不敢面對自己。齊克果認為只有當我們面對自己，勇於作出自己的抉擇時，才能打破時間的限制，進入永恆的世界。

齊克果並沒有像尼采（Friedrich Wilhelm Nietzsche, 1844-1900）一樣，把宗教看成是生命的咒詛或枷鎖，反而藉由基督宗教裡，神所擁有的無限、永恆的力量，對照出人的有限性與自我矛盾。齊克果認為死亡是每個人無可避免的一條路，只要跨過了嘆息之橋，便可進入永恆。

雅士培說：「從事哲學即是學習死亡」。這位德國存在主義哲學家患有先天性心臟病，從小就隨時感受到死亡的威脅，因此讓他思考到人「存在的界限處境」（limited situation of existence）。他認為每個自我覺醒的個體，皆由於他自己的經驗和處境，而了解自己的存在。死亡、苦難、鬥爭和罪過，這四種令人震驚「邊緣處境」（Boundary Situation）正是哲學的根源。其中，死亡是最讓人震驚，陰陽相隔只是一線之間，跨此一步就是天人永隔。這種令人震驚難以承受的生命邊緣，正是促使人類思考存在價值的界限處境。

雅士培曾以「一面圍牆」比喻死亡，任何人都無法跨越。面對這種情境，人要如何自處，如何思考，就是哲學的最大難題。當人們能深自體驗邊緣處境的震驚之後，就能看穿一切人世間的虛名榮辱，活出真正實在、實存的自我，成為「真人」存有。基於「邊緣處境」的震驚，雅士培強調人生應該誠實面對死亡，抓緊「當下現在」，並以歷史使命感超越存在，放眼未來，才能活出生命的意義。

另一位德國存在主義哲學家海德格（Martin Heidegger, 1889-1976）認為人是向死的存有者，每一存在的終局，皆有不可替代性。他從日常生活的「日常性」（everydayness）分析「向死的存在」，提出「天天都是向死的存在」（everyday being-towards-death）概念。海德格指出，死亡是對現實世界生活的否定。當人面對死亡時，才會停止對世界的憂慮和擔心，從陷落中孤立出自己，成為真正的存在。

海德格認為人一生下來，就朝著墳墓的方向走，這是一個實存的客觀事實，沒有人會懷疑，但是很多人會掩蓋這個事實，以致沒有察覺「死亡」就是我們「存在」的一部份，而且是最主要不可分割的一部份。海德格指出，人必須正視死亡，從恐懼中明白自己活著的重要性。因此，為自己計劃未來時，必須包括死亡。

他認為人是「被拋擲的存在」，也是「邁向死亡的存有」，因此人生觀即是人死觀。海德格發掘出死亡的積極性和獨特性，存在主義的主張就是活出個人的特色，更強調「盡責」的重要。人因為是向死的存有者，由於這種認識，所以會產生覺醒，因此不再沉淪，而成為本然純真的自我，更透過抉擇而展現自己生命的存在意義；而每一個人的存在樣態，取決於面對死亡的焦慮，回到當下，透過自由選擇，而決定自己存在的活動，因此發展出積極面對人生的態度。

這幾位存在主義的哲學家，都強調死亡的必然與不可替代性，並且思考因死亡而產生的積極力量。因此，面對死亡的生命必然，並非如窮途末路的死刑通緝犯一樣，每天過著醉生夢死的生活。反而，需像卡謬（Albert Camus,1913-1960）所說的：當一個人，沒有明天、沒有希望，甚至沒有上帝，還能認真的活著，才能展現人性的尊嚴。

宗教如何面對死亡

依法國宗教社會學家赫茲（Robert Hertz,1881-1915）的研究（La représentation collective de la mort', and 'La prééminence de., 1907）指出，在許多文化裡，死亡並非一個獨特的時刻，而是生命旅程中的一個插曲。死亡並非生命的終點，也非完全與生存一刀兩斷。

大多數被稱為原始社會的土著，相信他們的祖先死後，居住於與現今世界相似的另一世界；大多數非洲人相信人死後，靈魂會轉世到一新生命之上，甚而同時轉世於數個生命之上，特別是雙胞胎。

非洲、西印度群島等地的巫毒教（Voodoo）的信仰，死亡並非生命的停止，而是生命情況的改變。在巫毒教的信仰中，死神 Baron Samedi 會將人的靈魂從墳墓中帶去天國。在巫毒教的世界，死亡是生命的禮讚，因此在死亡慶典中，會舉辦盛大的派對，有大量的食物、飲料和舞蹈。死後，部分靈魂歸回塵土，部分續留家中，家人可以持續跟他溝通。

對居住在印尼南蘇拉威西省（Sulawesi）山區的原生少數民族托拉查人（Toraja）而言，軀體的死亡並不如西方世界所認知的是一種突然的終結和斷離。相反地，他們認為死亡只是逐漸開展的漫長歷程中的一步。托拉查人特殊的泛靈信仰稱之為「祖先之道」（Aluk To Dolo），已故的摯愛親人，會被留在家裡照顧數週、數月甚至數年的時間。

他們喪禮常是盡量延後，好讓住在遠地的親戚可以前來參加。最盛大的喪禮會持續一整個星期，讓不管身在世界哪個角落的托拉查人都能回到故鄉，彷彿反轉了離散的過程。

百輛甚至更多機車與汽車的隊伍，隆隆作響地穿過城鎮，陪著死者從遠方返家。這時，人車紛紛讓道，連救護車或警察都望塵莫及。在這裡，死亡高於生命。

在西方舊約與希伯來書的觀點裡，死亡被視為對人類的懲罰。由於不服從神的旨意，亞當和夏娃不但被逐出伊甸園，這一對墮落父母的後代子孫，也都必需嘗到死亡的苦果。因此，死亡是一種原罪，也是災難的降臨。基督教認為縱然死亡是種懲罰，但只要信靠上帝，死亡後並非是被遺棄。新約所表明的是藉著主耶穌基督的死亡和復活，帶來了恩典的救恩。而人們只要藉著對主耶穌的恩典，就可獲得此救恩。

在普遍的認知中，死亡是生命的絕境，人終有一死的事實往往構成人類的悲劇意識和生命的困頓。因此，「了生死」成為佛門的核心智慧，佛學經典都非常重視「念死」的修持。死亡成為佛教的修行法門，從「了生」開始，參透人生的一切苦厄，最後實現「了死」。

在佛教的修行法門《清淨道論》中，有所謂的十隨念，其中之一叫「死隨念」，隨時隨地都把死亡放在心上，甚至感覺到死亡就在呼吸間。強調「念死」得以捨斷諸惡、修集眾善、來世成就人天善趣。成佛之道指南書《菩提道次第廣論》也以〈念死無常〉，揭露「三因相九根本三決斷門」。

〈念死無常〉冀求後世安樂，強調現在種樂因，將來才能得樂果，因此形成正向的生活能量。但若僅以「無常」困擾自己，常造成生命價值的虛無，反而容易形成「今朝有酒，今朝醉」的人生。例如，在惡劣的工作環境中，礦工隨時都會面臨生命的危險，生命無常他們的感受比別人更為深刻。於是，有些礦工領到冒著生死所賺到的錢，大部分花在喝酒、賭博，反而不知珍惜。

面對死亡的思考，道家思想強調「知命安時」。道教有一套宇宙論，內中滲入陰陽家理論，認為宇宙間的一切，皆由「元氣」演化而來，人亦如是。人是因為「元氣」變化，使其有了形體、有了生命而活著，死亡就是又開始往回變化。先沒有了生命，再沒有了形體，最後復返「元氣」。過程猶如春夏秋冬四季的變化，是自然而然，無法以人力改變。

人們既然不會因寒暑季節的更替，而感到驚訝、痛苦或悲泣，又有什麼理由去為生者之「死」而震驚和痛哭。莊子「妻死，鼓盆而歌」，無疑給世人一種豁達的心胸與深邃的智慧，讓人們能夠面對親人之死，並以坦然的心境接受自己面對死亡的嚴酷現實。

印度教不怕死亡，甚至擁抱死亡，因為它是自然生命循環的部分，是邁入生命完美合一必經之路。當死亡將近時，人們會用心地去完成未竟的任務。由於他們認為自我從現象世界的解脫，就可使自我實現「梵」的境界，也就是進入「涅盤」的境界，是一種自我歸入永恆的狀態。佛教的涅槃是追求人死如燈滅，一如「燭火盡熄」的意思，但印度教的涅槃則是「燭火遠離氣息所擾，而不再搖曳」的境界。

在猶太教的信仰中，死亡並非悲劇，甚至是早期的不幸，都被視為一種生命的自然過程。他們的葬禮有許多繁文縟節，但不是表現出對死亡的恐懼、厭惡，主要的目的是尊重死者和安慰生者。

回教徒認為死亡是通向復活日和最後審判過程中，某種特殊的階段。在聖訊哈地斯（Ahadith）裡，兩個天使蒙卡和納克（Munkar and Nakir）降臨以審訊死者，問道：「你崇拜的是誰？誰是你的先知？」此時被問者若回答是阿拉和穆罕默德，就可在此階段安息直至審判日的再來。反之則在此階段就先被天使懲罰，或是去看審判以後所將受的折磨。對回教徒而言，去樂園或接受火刑，事實上仍是去了阿拉所創造的另一個世界。在可蘭經中提到，伺候阿拉，為阿拉而死的殉道者，將可免除在墳墓中被天使審問的階段。

面對死亡的態度選擇

人世間，每個人往往因不同文化、信仰、人格特質，形成各種面對死亡的態度。有人恐懼，有人接受，有人視為解脫，更有人視死如歸，也有許多人假裝糊塗，表現一副無所謂的態度。這種逃避、忽視的態度，背後可能存在更深層的恐懼。

研究死亡態度的學者（Wong, Reker and Gesse, 1994）將「死亡恐懼」定義為：個人面對死亡時所引起的害怕、恐懼等負面想法及情感。他們將面對死亡態度分成四類：

一、**害怕死亡、瀕死的死亡態度**：對死亡或瀕死過程，存在負面的想法及情感，容易形成悲觀、焦慮的人生；

二、**趨向導向的死亡態度：**將死亡視為通向快樂來生的道路，對生活形成較樂觀、正向的展望態度；

三、**逃離導向的死亡態度：**將死亡視為解脫痛苦的途徑，對生活亦持較負面的想法，甚至可能導致自殺的意念；

四、**接受死亡自然性的死亡態度：**將死亡視為一種自然的事實，若能知覺生命的短暫性，則會設法使生活過得更為充實、更有意義。

研究發現，能夠接受死亡是自然的人，比較可能具有責任感，而且會從任務的追尋中，找到生命的意義。2009年，美國密蘇里大學心理學教授蘿拉．金（Laura King）對死亡覺醒與生命價值的研究，發現死亡覺醒評量越高者，生命價值的評量也越高。蘿拉的研究，提供關於死亡和意義感另一個經濟學的角度。她發現，人們受到死亡提醒之後，就會更珍惜生命。這就是經濟學的「稀缺原理」（The Scarcity Principle）：你擁有的某個事物越少，就會珍惜得越多。

「我知道，我們應該非常害怕死亡，但這是好事。」蘿拉．金說道：「如果生命不會結束，想想看，人不就像每部殭屍片或者科幻片一樣？你若活得太久，過了一陣子，就會失去理智。生命不再有任何意義，因為它太平凡了。」但是，蘿拉發現，我們大多數的人生活得不像知道生命是有限的。她曾讓學生完成的一項作業：先寫下他們的生命目標，然後寫下他們如果只剩三星期的壽命，會想做什麼？然而學生的回答是：「拜託，別鬧了！」

研究顯示，一旦人們感覺時日不多的時候，他們生命的優先考量會因而改變。根據社會情緒選擇理論的研究，老年人比年輕人更會以當下為中心，對於周圍的人也更具選擇性：他們多數會選擇與家人或親密的老朋友在一起。其它的研究也發現，老年人也比較寬容，更關照別人，也較不著重於自己的利益。

社會情緒選擇理論的主要代表人物是史丹佛大學的勞拉．卡斯登森（Laura Carstensen）教授，該理論最初是用來解釋老化的悖論問題。由於年齡的增長，老年人在生理和一些心理機能方面呈現下降趨勢，然而在情緒方面，並沒有隨著年齡的增長，而呈現簡單下降的趨勢。許多研究顯示，即隨著年齡的增長，人的情緒和幸福感保持穩定，甚至是提高了。研究者將這一現象稱作「老化的悖論」（Paradox of Ageing）。

社會情緒選擇理論是一種社會動機的生命全程理論，認為時間知覺對社會目標的優先選擇，和社會同伴的選擇偏好會發揮重要影響。與年輕人相比，老年人常把他們的未來描繪為有限的，再去追求自己的目標已經時日不多。在對時間的認識上，老年人和年輕人的區別不在過去而是現在，也就是「活在當下」。老年人大多是現實定位的，不像年輕人那樣關注遙遠的未來。時間流逝的不可阻擋，對情緒體驗產生直接的影響，由於不需要關注未來，老年人希望生命終端，應該實現高質量的生活。

社會情緒選擇理論用時間界限知覺，而不是實際年齡來解釋目標和偏好的年齡差異。隨著人接近生命的終端，情緒目標的突顯性增加，覺察到的時間限制，將注意力指向情緒目標。因此與年輕人相比，老年人更傾向於與情緒上有意義的社會同伴一起度過。在對社會同伴的心理描述上，老年人強調的情感向度要多於其他個人向度。因此，老化產生的不斷接近終端的感受，會使人們的目標優先權發生了轉變，即情緒目標變得更重要，從而引起了行為的變化。

死亡是老年必須學習的功課

有許多人因死亡產生了恐懼或焦慮，但對於斯多葛主義者（Stoicism）威廉．爾文（William Irvine）來說，死亡的意識反而激發了感恩之心。這和威廉．爾文的斯多葛哲學是相符的：不用布簾掩蓋窗外的黑暗，反而直接的凝視，因而讓你在轉開的時候，會感激周圍有亮光。透過死亡，我們才能深入的、更有意義的看待自己和別人的生命。因此，接近死亡，往往能帶來生命的覺醒與生命觀的改變。如果，老年能夠不憂不懼的坦然接受死亡的事實，並且積極的面對，比較容易形成一種樂觀、灑脫的生活風格。

英國小說家、散文家福斯特（E.M. Forster, 1879-1970）曾寫道：「死亡會摧毀一個人，但是死亡的概念卻救了他。」他說我不知道是否真的有救贖，但是倘若我們接受死亡，我們或許還能生存。

「人生自古誰無死」，死亡是人生最終的歸路。因此，無論你願不願意，死亡是老年生活必須面對的事實，也是必須學習的功課。唯有積極的正視死亡的嚴肅課題，穿越死亡的疑慮、恐懼與障礙，才會激起生命存在的主體意義，才可以活出老年生命的價值；如果永遠有個明天，我們就不會珍惜今日。唯有知道自己生命的有限，才會意識到現在生命的可貴，因而積極去思考如何去活。所以死亡最大的價值，它會提醒我們，生命沒有揮霍的本錢。

在生命探索中，我們對死亡的理解仍然相對有限。人為什麼會死？死後的世界又是如何？至今，我們還是無法真正、完整的解開死亡的生命密碼。但是，可以確定的是，死亡是人類的終極宿命。或許，你可以刻意忘記死亡，但死亡不會忘記去找上你。

美國入殮師兼作家凱特琳．道媞（Caitlin Doughty）在2011年創立「善終勳章」（The Order of the Good Death），她結合一群殯葬業專業人士、學者及藝術家，探討各種方式幫助一個恐懼死亡的社會，為必然的死亡做準備。凱特琳說，死亡是世界上最自然的事物，死亡不會因為我們將之隱藏而消失。隱藏生命的真相，只是意味著它們被推入我們意識的深處。

如今，更多人已經開始採用凱特琳的想法。提供人們聚集討論他們的必死性的「死亡髮廊」和「死亡咖啡館」在美國各地紛紛湧現。「起初，思考死亡時常會讓我情緒起伏。」凱特琳指出，但是，隨著時間的推移，思考死亡，讓你更趨慷慨。你會意識到，你一到了生命的盡頭，就得將你的遺體、你的原子和分子，歸還給宇宙。

蘋果電腦創辦人賈伯斯（Steve Jobs, 1955-2011）生前在對美國史丹佛大學畢業生的演講說：沒人躲得過，這是注定的，死亡極可能是生命最棒的發明。這個曾經改變世界的人，不但坦然接受死亡的事實，並且能夠看到它的積極面。

賈柏斯一生未曾快樂，直到面對死亡。當死神逼近時，他開始珍惜家人，和從不承認的私生女和解，帶回家同住。在生命的最後階段，過去曾被親生父母遺棄、被自己所的創辦公司開除，這些恩怨情仇已經變得無關緊要。他珍惜現在所擁有的一切，不但因而找到生命的意義和價值，也找到自己的幸福。

晚年，能夠正視死亡的存在，並且能不憂不懼，坦然、積極的去面對死亡的來臨，是老年必須具備的生命態度和能力，甚至是生命中的智慧。這種智慧，讓我們能夠承認死亡是無法改變的命運，但也有勇氣去克服這個生命難題，所帶來的所有不安和恐懼，使我們能優雅的和死亡悲劇共存，也因此更能珍惜生命中的每一時刻。

生命如何能圓滿的結局

人生最終的結局，冀求的是生命的圓滿。這個世界，有人活得好像永遠不會死，有人活得好像從來沒有活過。為了讓此生不留遺憾，當你意識到老的時候，會覺得生命更加珍貴，生活必須做更多選擇。

在一部真情紀錄片《多桑的待辦事項》中，主角砂田知昭是日本最典型的生意人，一生奉獻給公司，退休前夕，得知罹患胃癌末期，他的第一件事就是開始整理、製作「終活筆記」；當知道自己來日不多，為了善用於生，他擬出一份死亡前的「待辦事項」，包括：要不要背叛自民黨？從未對妻子說過我愛你！身後事的安排全都得聽他的，不能妄改；陪老母親再出遊一次，陪孫女再過一次耶誕節，再吃一次鮑魚餐等等。而他也如願的再陪九十四歲的母親出遊，向母親告白說要能一起走有多好，甚至到了臨終之際，還有氣力再和母親通一次電話，道歉告別。

生命有其極限，人生則盡期圓滿。死亡前，如何完成自己的「終活」計畫，需要莫大的智慧與勇氣。下列引子，或許可以做為老年生命思考的參考：

甚麼是生命中最有意義的事

如果明天將死，死前你希望做甚麼

離開時，你想留下甚麼

做甚麼事會讓你有種幸福感

如果有無限的時間、金錢和資源，你想做甚麼

甚麼事是你一直想做，卻仍然未去做的

有哪些國家、地方或場所是你想去的

甚麼是你生活裡最大的目標和夢想

最後的日子，你會想去看那些人

今生，你會想要有甚麼成就

何種經驗你會想要去經歷或感受

有哪些特別的場合或時刻，你會想要親眼目睹

甚麼活動或技能你想要學習或去試試

你想要跟你的家人、朋友，或其他所愛的人一起做甚麼

有哪些領域你想去達成的？社會、愛、家庭、工作、經濟、健康、精神

你是否還有熱情，去追求自己的理想

……

透過這些思考，可以更細緻、更具體地寫下晚年的「生命清單」（life list），或想要達成的大大小小「生活任務」（life tasks），然後，盡力去完成，希望能讓此生無怨無悔。

例如：

做些善事，不求任何回報
做件事，給某人發自內心的驚喜
讓某人知道他對你有有多重要
跟好久不見的師長聯繫
改善某些人的生活
當長期的志工
結交新朋友
每天運動
雨中漫步、跳舞
赤腳跑步
種樹，並且看它長大

寫作、出書

建立網路平台

籌辦個展

公開場合演說

返回校園，繼續進修

學一種樂器或新技能

學畫畫、學攝影

每年參加淨灘、淨溪活動

當背包客

提著簡單行李，沒目的地的去旅行

保護海洋生態

拍部影片

織條圍巾，送給自己或親友

為某位特別的人做蛋糕
閱讀你以前從未想要讀的書
去餐館點你未曾嘗過的菜
為家人寫族譜
為自己寫回憶錄
為地方寫人物誌
到安寧病房當志工
在草原上睡個覺
寫信跟某家公司、企業、團體、機構，或某個人說謝謝
克服你原來最懼怕的事
至少告訴十個人，說你想跟他做朋友
體驗一下靈魂出竅
參與靈修活動

根據你自己的信念，發起或參與一種社會運動
想辦法告別過去的不幸
去看你夢中想見的人
默默的在你過去情人的門口或墳前，獻上一朵花
再度墜入愛河
去幫助需要的人
發起或加入老人自助團體
為老人設計更好的生活用品
發掘並記錄每天令人感動的事
撰寫生活雜記
每個月看一次展覽或演出
選擇一個主題，進行深入的研究
……

第二篇

free and easy

告別

離開，要為自己留下美麗的身影。

誰來陪你走完人生最後一哩路

告別是一種藝術，死亡的告別卻總是淒涼。想像中，最溫馨的告別是親友床邊圍繞，握著摯愛的雙手，互相話別之後，慢慢的闔上雙眼，垂首老去。

美國舊金山有一名網友在社群網站 Reddit 分享一張照片，照片中的主角是她的祖父母，祖父高齡一百歲，祖母九十六歲，兩人躺在床上手牽著手。這對老夫妻結縭七十七年，祖母在幾小時前離開人世，面容十分安詳，就像睡著一樣。祖父一直牽著祖母的手，陪伴她走完人生的最後一哩路。

她的孫女上說：「這週末，我的祖父陪伴我祖母度過人生的最後幾小時。當我為他們拍下這張照片時，是我這一生感到最悲傷，但又感到被愛充滿的時刻。」一個人臨死時，如果有摯愛相伴，可謂生命無憾。《詩經》曰：「死生契闊，與子成說，執子之手，與子偕老」，能與自己所愛許下一輩子的誓言，說好今生不論生死離合，都要緊緊牽著她/他的手，伴隨白頭永不分離，是人生最真摯感人的故事。

無獨有偶，中國浙江寧波一名九十二歲老爺爺，因為心臟問題住進了寧波鄞州人民醫院，經過搶救後，雖然爺爺保住了性命，但卻因為多個器官衰竭很可能隨時有危險。馮老爺爺不想躺在病床上，忍受插滿各種管子的痛苦，決定回到家中靜靜等待死亡。但就在離院前，他說什麼也不願意離開，兒女一度以為父親改變想法了，決定繼續在醫院接受治療，但沒想到老爺爺搖搖頭，含著淚水用盡力氣地說：「我好久沒見老太婆了，我想見她。」

老爺爺向兒女和醫護人員表示，他知道自己的老伴日前也住進了醫院，但因為兩個人都無法行動，加上加護病房每天只能在下午三時到三時三十分間進行探視，其他時間不能進入，所以兩人根本無法見到面，馮爺爺忍不住掉下淚水，哀求著說：「我真的好想她，好想我的老太婆，希望能和老伴再見一面，拉一拉她的手。」

護士與醫生們討論後，決定為馮爺爺和奶奶破例。就這樣，護士從十四樓病房推出老奶奶，而進到電梯準備往下的奶奶，看著數字從十四慢慢變到三樓，她忍不住內心的情緒，眼眶開始泛紅並流下思念的淚水。奶奶的病床被推進馮爺爺的病房後，護士貼心地將兩張床緊緊靠在一起，兩人看著對方的那一瞬間，整個病房寂靜到像是空氣也凝結了一樣，讓一旁的護士也不禁覺得感動和不捨，同時也拿出手機拍下這一幕「執子之手，與子偕老」的感人畫面。

馮老爺爺和老奶奶就這樣互相凝視著對方，而奶奶則用盡力氣靠近自己的丈夫，並伸手緊抓他的手，牢牢地握著，接著哽咽地說出對丈夫的愛與思念，最後還不忘告訴老伴不要擔心她，承諾會好好照顧自己，「等我好了，我就去找你！」馮老爺爺與奶奶在醫院的那一面，真的是此生最後一見，因為老爺爺回到家中，不久後就離開人世了。

然而，這種畫面似乎只是愛情小說裡的浪漫插曲，現代社會中，大部分人臨死時刻，幾乎都是昏昏沉沉的躺在醫院病床，圍在周遭的是陌生的醫生、護士，以及冰冰冷冷的儀器，最後面向天花板的灰白，孤伶伶的離開人世。

雖然大部分的人都說，他們寧願在家過世。但是，根據美國疾病控制與預防中心（Centers for Disease Control and Prevention, CDC）的調查，在美國只有百分之二十五的人，真的可以完成這種心願。其他人大多數是在醫院、養老院或其它機構設施裡逝世，很少有機會與親人好好的告別。

有沒有想過，當生命步入終點時，如果有可能，會想要誰來陪伴？曾經看過一則感人的網路流傳故事，故事說：有天上午，睡夢中被朋友的電話叫醒，朋友說她有個朋友已經癌症末期，就快死了。然而，他卻選擇在生命最後一刻，包下戲院，陪著妻子兒女和癌症病童，也邀請好友過來，一同看最後一場電影—史瑞克Ⅲ。

故事中的男主角是自營廠牌的男裝業者，剛剛度過創業維艱的時期，公司營業額好不容易突破一億元。有天突然腹瀉不止，原本不以為意。因為，身高一百八十公分，體重九十幾公斤的他，就像史瑞克一樣的強壯。他的健保卡只用過兩次，而且都是洗牙；雖然當兵時，曾被檢查為B型肝炎帶原者，但不曾有過異狀。沒想到，去到台大醫院檢查，醫師卻宣判已經肝癌末期，最多只剩六個月生命。因為癌細胞太大，壓迫到胃才造成腹瀉不止。

這個晴天霹靂的消息，讓他一夜瘦了三公斤，此後三天不吃不喝、神情呆滯，每天有如行屍走肉，實在無法接受上帝開給他這個玩笑。他抱怨自己不偷不搶，認真過著每一天，為何還會被死神選上，上天真是不公平。他嬌小的太太，更是悲傷不已。事事依賴老公的她，就讀高職時，和讀五專的老公參加聯誼，從此把他們的姻緣牽在一起，彼此認定對方是今生長相廝守的那個人。等他退伍時，她自然的成了他的新娘，婚後一兒一女相繼問世。夫妻倆聯手創立男裝公司，事業蒸蒸日上。就像童話裡的故事，一家四口從此過著幸福快樂的生活。

他不像一般商人，下班後從不喝酒應酬，總把時間留給家人。假日常陪著孩子去看電影，非常喜愛史瑞克的女兒尤其愛黏著他，一回到家，總是像無尾熊般跳到爸爸身上。史瑞克前兩集一上映，女兒就吵著要爸爸帶她去看。在她的心目中，爸爸就像史瑞克一樣強壯、可愛，一直嚷著說要爸爸抱她到一百歲。

然而，這完美的一切，都因無情的癌症被打碎了。醫生說，他的癌細胞太大了，化療無用，無法換肝，只能等死。捨不得拋下嬌妻幼子，不肯向死神束手投降，夫妻到對岸展開換肝之旅。從上海、天津到廣州，終於如願換肝。無奈癌細胞仍然不放過他，兩個月後又轉移到骨頭、脊髓，再從肺臟一路蔓延到大腦。到最後幾乎已無法行動、言語，一天平均要劇烈嘔吐二十多次，只能打嗎啡止痛、靠打點滴維生。

最後轉到台北榮總安寧病房，打算有尊嚴的離開。女兒有次到麥當勞吃速食，附贈一個史瑞克玩偶，回病房告訴爸爸，她想看史瑞克Ⅲ。他記在心裡，偷偷詢問主治大夫，能否離開安寧病房陪兒女看最後一場電影。醫生告訴他，依身體狀況，頂多只能撐個四、五十分鐘，但為了完成他的心願，醫生、護士每天為他安排特訓，試著能不能讓已經瘦到四十公斤不到的孱弱身軀，陪兒女看完一個半小時的電影。憑著一股堅韌的愛，讓他辦到了。

那一天，中午十二點不到，他的一些朋友接到簡訊，紛紛趕到戲院，醫院更是做好萬全準備，由醫生、護士用擔架把他抬進戲院，架上點滴，蓋好棉被。他勉強睜開雙眼，雖然說不出話，但看到親友、妻兒都在身邊，心情激動，淚水一直在眼眶打轉；電影還沒開演，很多親友早已哭紅雙眼。

電影結束時，史瑞克的老婆費歐娜生了三個小妖怪，象徵又是一段新生命的開始。但一落幕，看到奄奄一息的癌末爸爸，大家不禁鼻酸落淚，紛紛上前為他們一家四口打氣加油，這時小女兒已經泣不成聲。一週後，他安然離去，臨終前一再對老婆說「對不起」。這則故事不管是真實或是虛構，都是一場愛與悲傷的告別。

電影中的告別藝術

在電影的藝術創作裡，死亡告別常常引人諸多省思。《楢山節考》描繪日本七世紀的棄老傳說，是最悲慘、無奈的死亡告別。當時生活困苦、食物匱乏，為了節省糧食，老人家到了一定的年齡，即使身體還很硬朗，也必須要由子女背到深山裡丟棄，任憑自生自滅。影片中雪白的村景、穿著破爛的村民，以及在楢山棄置滿地的白骨，一一映照著生命殘酷的景象。當充滿人生智慧的老母親一步步的被背進死亡山谷，為怕兒子忘記返家的路徑，沿途仍然不忘折枝標記回頭的記號，更令人感受生命的無奈與母愛的偉大。

人生某些時刻顯得特別重要，尤其晚年的時候。電影《快樂告別的方法》（The

Farewell Party）探討該何時與最親愛的人告別，並選擇如何說再見的方法。本片劇情描述耶路撒冷安養院的一群老人，為了他們病重的老友，異想天開發明了一台安樂死機器。當這消息傳出之後，許多人都慕名而來尋求他們的幫助，使得這群老人面臨了道德上的兩難處境。

《快樂告別的方法》是一部關於友誼、關於愛的黑色喜劇。通常人們在退休後，不再是生活中的主角，只能活在社會的角落邊緣。然而，片中這些退休的人來到原本暮氣沉沉的地方，卻在他們決定要掌控自己命運時，突然變得生氣盎然，並且在困難與逗趣的處境中，發現了溫暖、希望與力量。

法國導演史蒂芬布塞（Stéphane Brizé）的《春日光景》（A Few Hours of Spring），則比較開放式的去探討面對死亡時，老年生命的主體意識。它描述一位寡居的年邁母親，因病魔摧殘肉體，感覺時日不多，於是在生命終站前，隱瞞獨子，選擇前往瑞士尋求安樂死。然而，所有將死者的遲暮之年，都是生者親情離捨的傷痕刻印，不告而別往往加深親人的傷痛。因此，如何彼此告別，是我們必須去思考和學習的生命大事。

雖然，我們知道死亡告別總有一天會發生，但卻缺乏足夠的時間去學習、適應和接受，以致常讓人手足無措，甚至造成生活的緊張和衝突。蒙古新銳導演德格娜的劇情長片《告別》，以自述的形式，記錄女兒陪伴父親邁向死亡終點的歷程。當父親宣告罹患癌症時，此後的家庭生活，全都蒙上一層死亡的陰影。

在死亡的趨近中，那些反覆的日常瑣事：吃飯、喝茶、看電視、親人餵藥、尋偏方、看醫生、睡覺，乃至爭吵、反抗、沈默，時間在這部電影裡，幾乎停滯不前。人和人之間的情感，也都在狹窄的視域中欲言又止，所有的懸念或關切，都指向一個即將到來的終結。直到死亡前的最後一刻，情感已經斷裂的父女，仍無法從那巨大的傷痕中獲得救贖，重拾往日的親密。

義大利電影《無人出席的告別式》（Still Life），更令人傷感。英國演員艾迪．馬森（Eddie Marsan）飾演專門為無人認領的死者，處理喪葬事宜的公部門人員。他每天細心地看著死者的遺物：家具、衣物、照片……想像著他們的日常生活。然後，依著自己的感受，他為這些死者寫上悼念詞，選擇播放哪種型式的樂曲，然後獨自一人出席不會有人來參加的喪禮。

對於生命的告別，日本著名導演黑澤明 1951 年的黑白片《生之欲》，更為我們反省生命的意義與價值，思考如何為自己身後留下最珍貴的禮物。片中的主人翁渡邊堪治，是一個即將退休的公務員。中年喪妻，為了帶大獨生的兒子，沒有再娶。他有一項令人驚歎的紀錄，三十年的公務生涯幾乎不曾遲到。每天按時上班的他，表面上似乎忙碌而敬業，但實際上除了保住自己的課長職位外，他幾乎什麼都不做。曾有一群主婦前來，要求把臭水溝改造成兒童公園，他頭都不抬的就把她們打發走了。

然而，日復一日規律、平靜而麻木的生活，突然被一場病痛給打破了。渡邊發現自己罹患胃癌，醫生說最多只能再活個一年半載。驚恐無助的他，成天到小酒館借酒澆愁，因而邂逅了一位庸俗小說家，帶著渡邊到賭場、舞廳，想要彌補過去浪費掉了的人生。想不到，渡邊卻在喧鬧中，感到更加的絕望和孤獨。

片中小田小姐是市民課年輕的職員，因不想在一潭死水的辦公室裏度過一生，來找渡邊蓋章辭職。但她的活力卻深深吸引了渡邊，他像抓住救命稻草一樣纏住小田，希望她告訴自己，怎樣才能活得像她那樣：「哪怕像你一樣，活一天也好」。被渡邊嚇到的小田拿出一隻玩具兔子，告訴渡邊說，自己不過是做這種東西，就像跟嬰兒成為朋友一樣，因而發現生命的意義與生活的樂趣。

雖然感到一切都太晚了，但回到辦公室的渡邊，開始挺起精神，組織同事們去建兒童公園，甚至不懼黑社會的威脅。公園建好了，就在一個下雪的夜晚，渡邊唱著《生命多短促》，坐在公園的鞦韆上離開了這個世界。

告別也常是文學的創作題材。法國作家卡洛琳．佛瑪勒（Caroline Vermalle）的《爺爺每年的環法簡訊》（L'Avant-derniere chance）一書中，死亡在老人喬治眼裡，不是一場即將落幕的悲劇，而是一場正在冒險的告別式。這位八十三歲的老人和七十六歲的老鄰居夏勒，為了實現小男孩的夢想，結伴而行展開一趟開車環法之旅，期間透過每天與孫女艾黛兒的簡訊，通報平安也分享彼此生活。這位不想坐在搖椅上等死的老人家，不但為自己的人生舞台做最後巡禮，也創造一個微笑告別的生命樣態。

有尊嚴的告別

有說，上帝給人們最公平的兩樣東西，一個是時間，每個人每天都擁有二十四小時；另一個就是死亡，只要是人便難免一死。既然，人終將一死，在生命的最後時刻，我們又能為自己做些什麼，來向人生舞台，以及自己做出最後的致敬演出，留下晚年生命的尊嚴。

傅偉勳教授曾提及所謂「死亡的尊嚴」：「面臨死亡時感到此生值得，問心無愧，且有安身立命之感，免於恐懼及絕望，死得自然，無痛苦，有親屬及友好在旁給予人間溫暖。」

然而，現實生活中，死亡的告別不但沒有像電影裡那麼多創意，也常常沒有尊嚴。很多時候，在葬禮中的「告別式」，只是為了盡上子女最後的責任，或是為杜絕旁人悠悠之口的場面罷了。或是，就像台灣導演林書宇所拍的《百日告別》一樣，只是生者單方面的自我療癒，很少有所謂相互的告別這回事。所以，如果可能，告別必須在有生之年。

享壽八十九歲的樞機主教單國璽先生，不僅坦然面對、接受死亡，更寬容對待死亡，真誠的與生命同在。當他發現自己罹患肺腺癌，從一開始的質疑「怎麼會是我？」進而接受得癌症的事實，把罹癌當作是天主差遣，來陪伴他人生旅程中的最後伴侶。他想，如果這即將逝去的生命，人還有點「剩餘價值」，他願意繼續為人服務。

他說：「我被賦予的使命，就是讓人們看到，在人生的轉彎處，總會有一雙無限慈愛的大手在背後。化成一股力量，讓人們真正了解死亡的意義。」於是，開始他的「生命告別之旅」，前往各地演講，分享八十幾年來的人生經驗與體悟，為自己的生命作最誠懇、尊嚴的告白與告別。二零一二年八月辭世前的一個月，還應邀拍攝防治自殺影片。

美國和平主義和環境生態保護者斯各特．聶爾玲（Scott Nearing, 1883-1983）夫婦的生命故事，更讓我們去省思甚麼是死亡的尊嚴。斯各特與相差二十一歲的妻子海倫（Helen Nearing, 1904-1995）毅然放棄紐約的繁華生活，在佛蒙特州及緬因州的森林農場，創立「美好生活中心」（The Good Life Centre），展開了五十多年自給自足的田園生活，過著回歸自然、崇尚簡樸、和平寧靜的日子。然而，當斯各特百歲時，卻自我選擇死亡而絕食，希望保持生命最後的尊嚴，離開人世。

他認為死亡是讓人們有機會在奮鬥幾十年後，得以休息。就像一天結束時，學生交完作業，可以放學回家，輕鬆一下。死亡是肉體生命的假日，是人生的一個新轉折點。人不可能不死，所以我們應該歡迎它，就像白天的工作結束後，我們需要晚間的睡眠一樣，只不過死亡帶給我們的，是一個更為漫長的黑夜和白天。

斯各特曾經學習到如何生活，現在他想學習如何死去。他想要在精力完全消失前，告別人生。他有意的去實踐那種自動、簡單的讓身體脫落的技巧。他不願意看到自己的死亡體驗被壓抑，他想依照他自己的自由意志，有意識的告別，體驗一種死亡的自我抉擇與生死轉變的過程交會。

他的妻子海倫尊重丈夫的決定，並且不離不棄的陪他走到生命的終點。斯各特過世的那一天早上，海倫在一旁為他吟誦印地安人小調：

像樹那樣高踏行走
像山那樣活得強壯

像春風那樣柔和
在你心中保持夏天的溫暖
偉大的（宇宙）精神也與你常在一起

她低聲對他說道：「就這樣，讓你身體告別吧！與潮水一起走吧，與它一起去流吧！你已過了美好的人生。你已盡了你的一切份內事。走進新的人生吧，走入光明吧！愛與你一起走去。這裡一切都好。」緩慢地、逐漸地，斯各特的呼吸終於停頓，靈魂與身體脫離，終於告別而自由，有如樹上枯葉落地一般。他呼吸最後的一口氣時，說了半句「一切……好」（All...right）。

斯各特死後，海倫寫給他最後一封書信：「親愛的斯各特，我們廝守了五十年，彼此深愛，互為同志。我倆的興趣、目標與行動相符一致。你的知性與訓練遠超過我；你的技能更是發展；你的經驗更加廣大。但我們卻相遇了，在瞭解與合作的基礎上一起工作，提高我那微小的能力。在某些微妙處我們似乎相等，我們的生活成為一體。謝謝你，永遠祝福你。」

從斯各特自我選擇絕食死亡的經驗，海倫學到了「死亡的尊嚴」意義。一九九二年，八十八歲的海倫將她與斯各特的生命故事，寫成一本書：《美好人生的摯愛與告別》（Loving and Leaving the Good Life）。她說：「我現在知道了，當我們選擇告別的時候，我們能夠隨時告別，心平氣和地、安靜地、帶有尊嚴地死去。死並不是生命冒險活動的結束，而不過是身體的終結而已。」

選擇告別的方式

告別塵世有不同的做法，也有人選擇為自己寫「墓誌銘」，替自己的一生做個完整的交代或評語。試想，有一天，腦海裡驀然湧現一座自己的墓碑，你會希望上面寫些甚麼？與其讓別人來寫你，到不如死前自己親手提筆。

日本戰國時代，末期統一全國的武將豐臣秀吉，死前寫給自己的墓誌銘曰：「人生如浪花，我將消失如露珠。」知名墨西哥女畫家芙烈達．卡蘿（Frida Kahlo, 1907-1954），曾在死前寫下雙重意涵的告別：「但願愉悅離去，此去永不回」。紊亂潦草的字跡，向生命告別，同時告別長久的肉身之痛。

相傳是中國開寫墓誌銘之始的唐朝太史傅奕，就嘲諷式的為自己寫了墓誌，曰：「傅奕，青山白雲人也。因酒醉死，嗚呼哀哉！」死別是人世間最痛苦的事，如果死亡都可以自我幽默解嘲，那麼，面臨死亡也就不會有所恐懼。

古希臘著名的數學家刁釐都，生平人們所知甚少，但他的墓碑上的碑文，卻完整又清楚交代他的生平要事，並且還留下一道數學難題：「過路人，這座石墓裏安葬著刁釐都。他生命的六分之一是幸福的童年，生命的時二分之一是青少年時期。又過了生命的七分之一他才結婚。婚後五年有了一個孩子，孩子活到他父親一半的年紀便過世了。孩子死後，刁釐都在深深的悲哀中又活了四年，也結束了塵世生涯。過路人，你知道刁釐都的年紀嗎？」

古人慷慨就義前，常以書信告別。林覺民的《與妻訣別書》，婉轉千餘字，信中呼喚愛妻四十九次，表示「吾充吾愛汝之心，助天下人愛其所愛」。其字裡行間，情如杜鵑泣血，文如黃鐘大呂，讀之斷腸、催人淚下。

1861 年，美國爆發南北戰爭，雙方支持者幾乎都願意拋下生命，為自己信念而戰。南方人是為奴隸制度社會而戰，很多人認為奴隸制是宇宙自然法則。戰爭開始時，北方軍隊極少數志願者，是為了結束奴隸制度而戰，但也有一些人已準備好為挽救國家，願戰死沙場。

當時隸屬於羅德島志願者第二軍團，三十二歲的蘇利文巴魯（Sullivan Ballou）少校。原本從事前景看好的律師工作，他與妻子莎拉（Sarah）以及兩個兒子愛德格（Edgar）與威利（Willie）建立一個美滿的家庭。但身為一名忠誠的共和黨員，與亞伯拉罕林肯的忠實支持者，巴魯於 1861 年春天志願加入軍隊。

七月十四日等待去馬那薩斯（Manassas）的命令時，他寫下一封信給妻子的告別書。一個星期後，他與軍中二十七位弟兄戰死於牛奔河之役（Battle of Bull Run）。他寫的這一封信雖然沒有寄出，後來在他遺留的箱子裡發現，由州長轉交給他心存感激的太太。信中寫道：

親愛的莎拉：

各種跡象已經非常明顯，我們將在幾天內就要出發—也許就是明天。唯恐以後我不能再寫信給你，所以我覺得現在有迫切需要想提筆，好讓我有天離去時，這封信能出現在你眼前。

對於目前在做的事，我沒有疑慮，也不缺自信，我的勇氣沒有停歇，也沒有退縮。我知道美國的文明存續，需靠政府的勝利。我們對先前那些為革命犧牲和受苦的人虧欠太多。我願意，完全的願意，放下我此生所有的喜悅，去協助維護政府，去償還那筆債。

莎拉，我對你的愛永無止盡，這份愛像是一條牢固的繩索，將妳我緊緊的綁在一起，除了全能的上帝外，沒有人能斷離。然而，我對國家的愛彷彿一場強勁的風，將我與這條繩索一起吹向戰場。

但是，莎拉！如果人死後能夠回到這個世界上，並且隱身圍繞在所愛之人身邊，我將永遠在你身旁；在耀眼白晝或陰暗黑夜—在你最難過與最悲傷時刻—永永遠遠；如果一陣微風吹過你臉頰，那是我的氣息；冷風吹拂過你跳動的兩鬢時，是我經過的靈魂。

與你共同的歡樂記憶每每襲上心頭，我感謝上帝與你讓我擁有那樣歡樂的日子。放棄這些回憶，並將未來希望化成灰燼，對我而言是很痛苦的，如果上帝願意，我們可能可以一起活著，並且看著我們的兒子長大成人，成為受尊敬的人。我知道不能向神聖天意要求太多，但我聽到圍繞在我耳邊之語—也許這是小愛德格的祈禱聲—告訴我應該活著回去。但如果不能，我親愛的莎拉，決不要忘記我是多麼愛你，當我在戰場上呼吸最後一口氣息，我將會低喚你的名字。

原諒我的錯，以及我帶給你的許多痛苦。我是多麼無知與愚蠢！若能為你消除任何一點不快樂，並且承受世界的不幸，保護你與小孩毫髮無傷，我將多麼地高興。然而我不能，我必須從另一個世界看著你，必且在你身邊徘徊，儘管你奮力抵抗風暴，並以悲傷的耐心等待著與我相遇。

莎拉，不要為我死亡哀傷，當作我離開並等待著你，因為我們將再度相逢。至於我的兒子們，我死後他們將會長大成人，並且從不知道父親的愛與關懷。威利太小不會記得我，而我那藍眼睛的愛德格，將會記得他年幼時與我嬉戲的模糊回憶。莎拉，我對你的母愛與對他們人格的培養有無限的信心，告訴我的母親我祈禱上帝祝福他們。喔！莎拉！我將在那裡等著你！來找我，並帶著我的小孩。

蘇利文 1861.07.14

也有人選擇在生前錄一段話語，跟自己的人生、摯愛的親友的告別。韓國童書作家金惠麗在《爸爸的最後聲音》中，寫下一位身患絕症的爸爸，用錄音的方式，留給孩子們愛的告別禮物。他細說家鄉的故事，告訴孩子們人生的道理。溫柔的語氣中，洋溢濃濃的關愛與不捨，也撫慰了孩子的傷痛與思念。

或許，我們還可以把自己當主角，拍一部生命回顧影片，讓自己盡情的演出，也為後代留下珍貴的禮物。日本極為賣座之紀錄片《多桑的待辦事項》，就讓我看到面對死亡的豁然態度。

首次擔任導演的砂田麻美，紀錄父親砂田知昭從得知罹患胃癌，到告別式的時光。砂田知昭是日本典型的上班族，個性一絲不苟，不喜歡麻煩別人，做事態度按部就班，對工作熱情積極。得知罹癌之後，沒花多久時間意志消沉，就開始著手規劃自己的告別式。他在乎的不是多久就要死了，而是還能活多久，還可以做多少事。

片中，白髮稀疏的砂田知昭，談論著自己將不久於世，為了死後的安排想要受洗，態度淡然得彷彿討論的是別人的事。身為二女兒的導演，代替父親開始有條理的出聲自我介紹，採用隨側跟拍的方式，並佐以舊照片與家庭式錄影帶，呈現出一種親密的、只屬於家人之間的氛圍，與鏡頭一起勾勒出砂田知昭的個性及背景。

砂田麻美紀錄父親死亡前的生活，平凡隨意的彷彿只是另一捲家族紀錄。隨著一件件待辦事項的完成，無論是和小孫女間再次約定的動人情誼，與老母親的聲聲告別，還有和辛苦的妻子說聲一輩子沒說過的「我愛妳」，讓我們看到了對於剩餘生命的幽默與熱情。

《多桑的待辦事項》裡沒有設計複雜的場面調度，也沒有煽情的剪接與角度安排，有的只是對父親最真誠的紀錄，與父親對家人最深的思念。「即使是最悲傷的離別，也要留住你最美的容顏！」原來生命的告別，可以是一件如此美麗的事情。

完美的告別

告別是人生最後一幕，可惜我們自己看不到。因此，有人會在生命的最後階段，為自己辦理一場「生前告別式」，「靈堂」掛上自己最喜歡的「遺照」，在音樂與鮮花的陪伴下，跟親朋好友說：「再見！」然而，儀式結束後，有人會問：「然後呢？真的告別了嗎？」

或許，這種告別的方式，可以看到自己生前的風光，留下特別的生命記憶，甚至當作一種趣事，表現出自己對生死的坦然和灑脫。但是，心底的深處仍然存在一種焦慮，害怕生命的凋零、淒涼，以及死後的無知。

告別，不在於儀式、場面和規模，而在於對生命的無怨無悔；告別，必須放得下，才走得開。因此，一場完美的告別，應該包括幾個要項：

一、生命無憾

人都必須面對死亡，但是並非等待。有人問過一位百歲人瑞說：「請問妳這一輩子最後悔的是甚麼？」她這樣回答：「我後悔在六十歲的時候，沒去學小提琴，不然現在我已經拉了四十年了。」生命無常，但如果每天都能實實在在的過日子，生命就沒有白活，人生也就無遺憾。

二、心中無恨

人生最悲慘的是帶著怨恨離開世界，只有化除心中的憎恨，才能走出生死的困頓。南非總統曼德拉（Nelson Mandela,1918-2013）說：「我很清楚，如果自己不能把悲傷和怨恨留在身後，那麼我其實仍在獄中。」老是記著別人對你的壞，就是把自己沉陷在不堪的歲月，告別，怎能走得開。

三、**胸無罣礙**

一個人可以放心告別，必然無憂無慮。死前，如果要交代的事情都已交代了，不用擔心兒孫的生活，也不用擔心死後的財物去處，一切了無牽掛，沒有負擔，生命才能解脫。心經說「無罣礙故，無有恐怖」。沒有依戀的事，自然沒有罣礙；沒有放不下的事，走的時候才能灑脫。

四、**遺愛人間**

人死後形體無法保留，唯有精神才能長存。在高雄港賣十元自助餐長達五十年，幫助窮苦人的阿嬤莊朱玉女，享壽九十六歲過世。舉行告別式時，曾受阿嬤照顧的碼頭工人、街友來了近二千人，為她送行。阿嬤雖然過世，但她的愛心、她的身影，卻永遠留存在許多人的心底。

第三篇 free and easy

年紀

拒絕自己的年紀，等於否定自己的存在。

年紀失憶症

1943年出生的美國知名非裔女詩人、作家及評論家妮琦．吉歐瓦尼（Nikki Giovanni）說：「否定你的年紀，就等於否定你的存在。」凡走過必留痕跡，在時間的長河中，過去不會因為我們對它失去記憶而消失，年紀亦是。然而，在青春崇拜的世界裡，年紀幾乎等於秘密，很少人會主動的洩漏，就連生日蛋糕上的蠟燭，也往往會刻意的插上問號，意曰：不可說！如果你好奇的問人貴庚，除了幼兒，或七、八十歲以上的老人家，可能會清楚又驕傲的說出他真正的年紀以外，很多人不是翻白眼，就是採取模糊的回應策略。

「我比去年多一歲！」

「我××歲後，就不再長了！」

「哈哈！我是永遠的××歲！」

也有一些人常會故作輕鬆的說：「哈哈！你猜猜看。」不過，當你不小心猜對了，往往會惹來很大的不高興。就因為我們對年紀的焦慮，以及所採取的隱匿、迴避態度，所以，德國古典主義的詩人哥德（Johann Wolfgang von Goethe,1749-1832）說：「年紀總讓我們措手不及。」

依《創世紀》的記載，當初上帝造人的時候，並沒有時間的設限，無論是男是女，都被稱為上帝所祝福的人，是永生的。一直到亞當犯罪帶來的譴責和死亡，才開始有了壽命的算計，也阻斷了永恆的生命之路。所以，在希臘神話故事中，時間之神柯羅諾斯通常以手執鐮刀的老人形象出現。

在人類社會中，年紀不只是標誌著時間的過往、歲月的算計，也指涉個體生理、心理自然老化的程度；而且，就像階級、種族和性別一樣，年紀也實質的影響、形塑人類個體和集體的生活內涵和形式。因此，對老年社會學家而言，更關心的是，因年紀不同，而賦予的社會意義，以及所呈現的文化差異。

在日常生活中，人們往往藉由年紀來界定個人的身分、角色。在制度上，年紀也是機會、權力和地位分配的重要依據，包括學習、工作、政治和社會參與。社會學家將生命中不同的年齡階段，所形成的經濟和社會地位的差異，稱之為「年齡地位」（age status）。

我們時常聽到這麼一句話：「都這一把年紀了，還⋯」。有位朋友的孩子在五星級大飯店工作多年，三十五歲離職，後來到一家區域性飯店求職，面試官居然苦笑說：「你都這個年紀，還來跟年輕人搶工作。」周星馳在《功夫》電影中一句對白：「見你一把年紀，不然早就揍你了。」年紀成為具有社會意義的符號區分，也因而形成不同的對待方式。

法律上，也會因為不同年紀而賦予某些權利和義務，稱之為法律年紀。例如，法律上所稱的兒童與少年，以十二歲為準，十二歲未滿者為兒童，適用《兒童福利法》，十二歲以上，未滿十八歲的人適用《少年福利法》；《就業服務法》中所說的「中高年齡者」，指的是年滿四十五歲至六十五歲國民；《老人福利法》所稱老人，是指年滿六十五歲以上的人。

有時，法律上的年齡規範，是基於保護當事人的利益。例如《工廠法》規定，工廠不得僱用十三歲以下的男女為學徒，不得僱用未滿十四歲的男女為工人。此外，十四歲以上，未滿十六歲者為童工，只准從事輕便工作，不得從事危險及及繁重工作。但有時，法律規定，卻是反映了社會的年齡歧視。例如，《勞動基準法》規定，勞工年滿六十歲者，雇主得強制其退休；《公證法》規定，年滿七十歲者，不得遴任為民間公證人；《公務人員退休法》規定，公務人員任職五年以上，年滿六十五歲者，應命令退休。

老年的年紀

發展心理學依據年齡的不同，個體在生理、心理和社會層面所呈現的改變，將人類的「生命全期」（life span）分成嬰兒期、兒童期、少年期、青年期、成年期和老年期。然而這種分法，會忽視了個體、社會和文化的差異。因為，一個人的成長環境的差異，包括家庭、社會和國家，都會影響個體成長的速度和生命歷練。

在《奇怪的錯置：童年與人類的內在化想法》（Strange Dislocations: Childhood and the Idea of Human Interiority, 1780-1930.,1995）一書中，斯蒂德曼（Carolyn Steedman）的研

究發現，事實上，童年並非自然的產物，也沒有確切的意義，每一個社會童年概念出現的時間也不同。波斯曼（Neil Postman）在《童年的消逝》（The Disappearance of Childhood, 1982）一書也指出，童年是社會加工品，反映著成人的想像和期待。

中國社會裡，童年概念出現得相當早，約在西元前 203 年之前，有關先秦記事的《禮記》裡，就提到「人生十年曰幼」的說法。根據艾瑞絲（Philippe Aries）在《童年的世紀》（Centuries of Childhood, 1962）指出，在中世紀的歐洲，特別是法國，人們並不承認兒童具有不同於大人的獨立性，所謂童年的概念並不在，童年的發現要等到十五世紀以後。波斯曼更說，童年的理念是文藝復興以來，人類歷史上最偉大的發明之一。

同樣的，老年的界定也非理所當然。三、四百萬年前，舊石器時代的生活，狩獵、征戰、飢荒、疾病、瘟疫，很少人有白髮的機會，老年的概念並不存在。根據 Henri Valois 發現的一百八十七塊史前人類頭蓋骨的研究，其中只有三塊年齡超過五十歲，當時平均年齡約在三十以下。

老年的制度界定是在十九世紀以後，1884年，德國總理俾斯麥（Otto Eduard Leopold von Bismarck,1815-1898）建立了社會安全福利養老金制度，提出六十五歲退休的概念。當時，平均餘命大約只三十七歲。如今，人類壽命大幅提高，男性至少增加三十年，女性將近四十年，是俾斯麥時代的兩倍有餘，但我們對老年的界定，卻仍然指向老舊的數字——六十五歲。

在歲月計算或時序上，「老年」會因文化、歷史的不同而有差異。換言之，老年是社會建構出來的，而非固定的「生物期」（biological stage），什麼年紀稱為老年並無普遍性的標準。聯合國通常以六十歲作為老年的界定，這是國際上首次對老年的定義，而大部分已開發國家都以六十五歲定義為老年或老人。

然而，國際衛生組織（WHO）對非洲老年的研究，僅能以五十歲做為區分。因為，許多非洲國家的人民平均壽命也只有五十出頭。2015年，史瓦濟蘭王國甚至不到五十。WHO研究發現，在開發中國家，老年的界定並非依年紀，而是先前角色的喪失、新角色的產生，或是對社會貢獻的能力而定。

在英國，有「第三年紀」（the third age）之稱，指的是中年後，積極退休的生命階段。澳洲首府珀斯（Perth）的西澳大學（the University of Western Australia）設立「第三年紀大學」（the University of The Third Age），提供給五十歲以上的人學習的機會。英國老年學家波爾和克里斯（Paul Higgs and Chris Gilleard），又提出所謂「第四年紀」（the fourth age）的概念，指的是不積極、不健康、無生產力，以及最後無法成功老化的狀態。

其實，同樣是老年，六十五歲以上的群體之間仍然有很大不同。老年學家福曼等人（Forman, D. E.; Berman, A. D.; McCabe, C. H.; Baim, D. S.; Wei, J. Y.,1992）將老年更細膩的畫分為「年輕老年」（60-69）、「中年老年」（70-79）、「老老年」（80 以上）；也有人將老年區分為幾個次團體：「年輕老年」（65-74）、「中年老年」（75-84）、「老老年」（85 以上）（Zizza, C. A.; Ellison, K. J.; Wernette, C. M.,2009），希望能更細膩、精確的去描繪老年期的生命變化，但也顯示年紀區分的任意性。

有鑑於僅以年紀來界定老年不夠周全，老年學家對老年的界定，分成四個時間向度：歲月的（chronological）、生物的（biological）心理的（psychological）和社會的

（social）。華蒂斯和柯倫（John Wattis and Stephen Curran）則提出第五個向度：發展的（developmental）。因為，每個人在功能上的發展，在時序上都有不同。老年的定義，須顧及個體進入不同重要生命事件的時間，理解生命的動態發展。例如，畢業、就業、退休、結婚、為人父、為人母、父母過世等等，每個人的條件和際遇不同，因此，時間點可能都不一樣，並非歲月可以範定的。

老年立於某個時空的交錯處

老的概念涉及一種時間感。亞里斯多德在《修辭學》（Rhetoric）一書說，人生不同階段，是以人對時間方向感的差異而形成的。他認為年輕人總是往前看，時間方向感指向未來，滿懷希望並且樂觀以對；老年人則將目光轉而向內，時間方向感指向過去，往往沉湎於昔日真實或虛構的美好時光。顯然的，亞里斯多德的時間感，時間是單向、直線式的行進。

從現象學對時間概念的探討，年紀不只是機械的計算。法國哲學家柏格森（Henri

Bergson,1859-1941）在《創造性的演化》（Creative Evolution,1907）一書，批評傳統哲學老是以幾何學方式看待時間的傾向，他主張應該把時間看成一種有機體；史丹佛教授哈里森（Robert Pogue Harrison）在《返老還童：年紀的文化史》（Juvenescence：A Cultural History of Our Age, 2014）一書指出，我們有一種把「年紀」化約成「時間」的頑固傾向，所以很自然的將時間空間化，而不去探討年紀多維度和相互貫穿之間的各個幽深處。

哈里森說一般哲學家都把年紀視為時間的一個函數，但現象學分析卻告訴我們，其實時間應該是年紀的函數。因為，任何有關時間的概念都會老去，甚至老化而死亡。

由於沒有人生活在社會之外，因此哈里森認為一個人身上的年紀上是「異齡並存」（heterochronic），包括生物年紀、歷史年紀、制度年紀、心理年紀。他認為一個社會的文化心態（cultural mentality），會形塑成員對某一年齡角色的認知和扮演。因此，他又提出「文化年紀」的概念，認為年紀除了受制於個人的存在年紀（existential age）之外，也受到所處文化時代（cultural age）的影響。哈里森說，我們現在的心智，事實上是數千年來文化累積的結晶，因此以文化年紀而言，並非只是自己出生後的幾十年。

曾獲普立茲獎提名的湯瑪斯・科爾（Thomas R. Cole）與瑪麗・溫克爾（Mary G. Winkler）共同編撰的《老年之書》（The Oxford Book of Aging: Reflections on the Journey of Life,1994）指出，古代和中世紀都把年老看成世間永恆秩序的一個神祕部分，但這觀念卻逐漸被一種世俗、科學和個人主義的老年觀所取代。湯瑪斯認為，「老年」不一定是某個等在彼端的所在，而是超越了滄桑、世故、虛無、了然，一種更包含所有，但又不為任何目光所囿限的某種時間款式。

在美國小說家、散文家，以及物理學家艾倫萊特曼（Alan Lightman）的眼裡，時間也可以是一種想像，因而發展出許多可能性。他所寫的《愛因斯坦的夢》（Einstein's Dreams,1992）中，時間是閃爍在科學與人文、真實與幻想、客觀與主觀、理學與文學的交界處。在他的夢裡，時間並非機械式直線的、連續的前進，它會停歇、轉彎和倒返。

每個人對時間的快慢、感知的內容都不相同。同樣的演講者同樣的內容，在你感覺時間是精采絕倫中的快速流逝，在他人的眼中可能是冗長而沈悶地慢速播放；同樣的世界，有人活在機械的時間裡，跟著鬧鐘準時作息起居，也有人跟著感覺走，只憑自己情緒和慾望的節奏，餓了吃、累了睡。

而且，在一個人的生活世界裡，過去和未來往往會在某個時候交織在一起，人們也常常會在一時的時光錯置中，瞥見過去和未來的面目與光景。常常，我們會在六十五歲時，會偶而碰觸自己在十八、九歲的心情；在七十歲時，找回五十歲時的榮耀；在四十歲時，想像六十歲的面貌。尤其，在窗邊的某個午後，突然時間停頓了，在極其短暫的時間空隙裡，就那一微秒的時間暫停中，讓我們靈光乍現、回味無窮。因此，如果我們接受萊特曼的看法：時間是無法被度量的，那麼，我們也會同意年紀一樣不可度量。

老年的歷史地位

人們對年紀的心理、社會和文化的感知，也會隨著時代的不同產生變化。在初始社會中，對老年是愛憎交加的，老年是處於與智慧/虛弱、經驗/衰退、權力/痛苦之間。在希臘羅馬的古典文化中，老年往往被貶為退化和衰弱的時期，但也認為老年是一段不可知的偉大神祕世界。

米諾茲（Georges Minois）在他寫的《老年史》（History of Old Age: From Antiquity to the Renaissance, 1989）寫道，歷史上第一位談到自己的老年人，是生活在4500年前，一位埃及抄寫員對神的哀嘆祈禱：哦！至高無上的主！老已經來了，老年已經降臨，衰弱已經到了…，對一個男人來講，老在各方面都是邪惡的。

古代，只有少數人可以活過七十歲，大部份人都在五十歲前死亡。一般進入四十歲年紀，就被看成威嚴和尊敬的對象。相對的，那些脆弱被視為負擔，甚至於被殺的人，不是因為年老的原故，而是他們無法完成有用的任務。然而，亞里斯多德（Aristotle, 384-322 B.C.）則承認他不喜歡老人，在他的《倫理學》（Ethics）中寫道：老人是吝嗇、自私的，只尋求滿足自己的私欲。雖然如此，在古希臘時代，五十歲才能成為陪審團的一員，羅馬「元老院」（Senate）的名稱就是源自於「老」字（senex），1400至1600年間，威尼斯共和國的最高職位總督，平均年齡為七十二歲。

羅馬演說家西塞羅（Marcus Tullius Cicero,106- 43 B.C.）則有比較正面的老年論述。在《論老年》（De Senectute）一書中，寫道：「那些沒有辦法從自己身上找到幸福生活的人，總覺得人生每個階段都是沉重的負擔。」他相信只有傻子，才會把自己的弱點歸咎於老年。西賽羅說自己不會懷念身體的力量，就像他不會想要公牛或大象的力量一樣。他認為生活中最重要的事情，不是藉由體力、生理活動或者敏捷度完成，而是靠著深思熟慮、性格與意見的表達實行。老年不僅沒有被剝奪這些，而是按部就班地去強化它。

米諾茲的研究指出，在中世紀和文藝復興時期後，老年的文化地位逐漸衰退，老年是殘酷或虛弱的時期。社會心理學家瓊．艾力克森（Joan Erikson,1903-1997）指出，此時老人往往被排斥、忽視，老人不再是智慧的象徵，而是羞辱的具現。

莎士比亞（William Shakespeare, 1564-1616）在《哈姆雷特》（Hamlet）一書中，曾以波洛尼厄斯（Polonius）之名，將邁入老年的李爾王嘲弄為一個龐大的廢物；葉慈（William Butler Yeats,1865-1939）1928年在他六十三歲時所寫的《塔堡》（The Tower）這首詩裡描述老年：鞋跟旁的一把破壺，軀體的殘骸、血液緩慢的腐敗、暴躁的神智昏迷；或是沉悶的衰老、或是更差的邪惡來臨；朋友的死亡、或是死亡；每一隻絕望的眼睛，使呼吸突然中止。

十六世紀烏托邦主義者托馬斯．莫爾（Thomas More,1478-1535）和安東尼奧．德．格瓦拉（Antonio de Guevara,1481-1545），在他們的虛構世界裡，並不容許老朽的存在。在托馬斯．莫爾的烏托邦國度裡，當老人無法自己生活，為疾病所苦、成為人們的負擔時，牧師會勸告他們選擇死亡，告訴他們如果選擇死亡，將會到更快樂的世界，即使透過飢餓或吃毒藥。在格瓦拉的小說裡寫著，這裡有種習俗，人不會活超過六十五歲。到了這個年紀，他們會自焚而死。格瓦拉認為這是一個金色的世界，因為人們克服了天生期望活著的欲望。

然而，在生活世界中，十七世紀歐洲的男人為了讓自己看起來老一些，會特別戴上灑上白色粉末的假髮，直到十八世紀，新英格蘭的人為了能讓人尊重，當有人問起年紀時，還會將自己的實際年齡加上幾歲；十七世紀時，美國的聚會，都會將最好的位置保留給老人，在 1770 到 1840 年之間，老人才失去尊榮，將上席讓給了富人。

老年歷史學家托馬斯·柯爾（Thomas Cole）認為，在十九世紀，主流中產階級新教文化，失去了以「存有的完整性」面對老化的能力，剩下的只是對老年的恐懼與敵意，形成對老年生命的去意義化。

我們對老年的認知，常常受到文化的制約，反映著社會的心態。如今，老年已經成為曖昧、矛盾和對立的符號。1969年，美國老年學家巴特勒（Robert N. Butler）以「年齡主義」（ageism）一詞，來描述對老年人的歧視，並且將年齡歧視與性別歧視、種族歧視歸納在同一模式下。在年齡歧視的社會裡，老年往往象徵邪惡、虛弱、沉悶的時光；許多對老年的變化、印象或描繪，大多認為老年時行動緩慢、失去力道、不斷重複的說著老故事、容易恍神、常會煩惱、不知所措、拒絕建議、回憶過去、缺乏冒險性，生命就像在冰河期裡凝固了。老年，甚至是醜陋、惡毒的，尤其是老女人。因此，巫婆總是以老人的形貌出現。

跟日本「楢山節考」情節類似，甚至更為殘酷的，至今，中國農村仍然有老人自殺的文化。依武漢大學社會學系講師劉燕舞的《農村老年人自殺的社會學研究》（2014），在距湖北武漢不到一百公里的村莊裡，老人越來越難以擺脫自殺的宿命。劉燕舞描述一位六十九歲的老人，坐在堂屋中間，一邊在火盆裡為自己燒紙錢，一邊喝下半瓶農藥。紙錢燒了一半，老人躺在地上不省人事。然而，這或許是他們稀釋和消化現代高齡化社會痛苦的特有方式。

老年不應躲躲閃閃，要活得挺直

在現代社會中，老幾乎已經成為焦慮、嘲笑的符號，許多人都崇拜「凍齡」，甚至「逆齡」的「不老」神話。波斯納（Richard A. Posner）在他的《老化與老年》（Aging and Old Age,1997）一書，指出美國社會對老人的怨恨和蔑視。哈佛大學 2004 年曾經測量人們對年輕和年老的態度和信念，發現有百分之八十的美國人，喜歡年輕勝過年老，而且這種態度是世界性的。美國細菌學兼免疫學家瑪莉．莫理森（Mary C. Morrison）認為返老還童的浪潮，始於二次大戰後的美國，然後沿著「帝國轉移」（translatio imperii）的相反方向，逐漸向東移動。

這種「不老」神話的流傳、崇拜與移植，資本主義的商品市場發揮了推波助瀾的功效，甚至是背後的主要推手。根據全球知名市場研究公司「透明度市場研究」（Transparency Market Research）的報告（Anti-aging Market - Global Industry Analysis, Size, Share, Growth, Trends and Forecast 2013 - 2019.）指出，2016 年抗老商業利益高達 1518 億美元，比 2015 年增加百分之七點七，2019 年預計會達到 1917 億美元。根據統計，台灣每年抗老、保養的相關商機，每年近乎倍數成長，預估到 2018 年上看 230 億元。

看準了社會對老化的集體焦慮，如今，全球許多大企業紛紛投入這個龐大的抗老市場，市面上到處貼著「凍結老化，保住青春」的廣告，販賣各種抗老的產品，包括保健、醫美產業，都不斷叮嚀你透過各種方式留住年輕與青春，抵抗歲月不饒人的痕跡，抗老幾乎變成一種全民運動。

然而，過去幾十年所刮起的返老還童風暴，到底會通向回春之路，或是只是走向文化的幼稚化，正是我們必須思考的問題。莫理森在八十七歲寫的一本書《人間夜未央》（Let Evening Come ,1998）說，老年需要英雄主義，才能經由跟自己的軀體分解，找到生命的高度。莫理森說，老年不應畏畏縮縮。她凝視生命、擁抱年紀。莫理森以寫日記的方式，用心地記下每天所發生的事情、想法、夢想，甚至惡夢，或是讀到、聽到，覺得對自己很重要的事情，最重要的是用心地記下對某些事物的反應，包括當時的直覺，和事後沉思過的結果。

生命的價值不在於它的長度，而在於它的深度和厚度。依德國劇作家布萊希特（Bertolt Brecht,1898－1956）的看法，雖然，我們無法為自己的生命刻上時辰表，但是在活著的時候，我們有權利為自己做最佳的生活安排。他的短篇故事〈不體面的老婦人〉（The Unseemly Old Lady,1940）敘述一位一直以來扮演好妻子、好母親的七十二歲女性故事。當丈夫去世，她開始允許自己擁有一定的自由。無視於傳統，她邀請牧師去看電影、談論八卦，在鞋匠家裡喝酒。在生命的最後兩年間，她「吃完生命麵包的最後一塊碎屑」。

美國劇作家和女權主義者，也是容格學派的心理學家芙蘿麗妲．史考特．麥斯威兒（Florida Scott-Maxwell, 1883-1979），她享年九十六歲，八十五歲時寫下晚年生命的體驗，探討老年的獨特困境。在《歲月的度量》（The Measure of My Days,1968）一書中，麥斯威兒提供我們晚年生命的全景視野。她寫道：當一個人感覺切斷過去，卻又與現在步調不一的時候；當身體已經缺乏活力，而心靈卻又充滿熱情的時候。這時，老年生命的任務在於努力達成至善，在大眾社會中維持自己的個體性，用智慧脫離生命中的痛苦、喪失和限制。

麥斯威兒以智慧、人性和尊嚴，讓我們看到歲月的永恆與即時性。她感嘆說：生命是一種悲劇之謎，老年總是令人費解。在一而再、再而三的生命功課中，我們學習到接受一種「英雄的無助」（heroic helplessness）。唯一可以做的就是立於害怕之火，去承受它的狂烈火焰。麥斯威兒從宗教的態度，認為生命的目的在於澄清人的本質，以及富貴、平淡、困苦、混亂，因而達成生命的蛻變。

英國的作家、醫療社會學家安妮．卡普芙（Anne Karpf）認為，對老人們最大的誹謗，還有對尚未老去的人最大的恐懼，就是老年會漸漸吸取我們的生命力。很多人都會覺得自己的精力隨著年齡改變，並且調整自己的生活腳步。在《如何老去》（How to Age,2015）一書中，卡普芙說一個人對於生命的熱情，會隨著歲月逝去是完全錯誤的概念。這位在2014年贏得媒體老年議題最佳獨立聲音獎的作家，她說如果我們承認老化是人類不可避免的部分，老化最大的挑戰正是生命的挑戰。學習老化並不是去檢視衣櫃或身材，而是在每一個生命階段和每一個年紀，決定如何充實的活著。

年紀不應成為生命停滯的藉口

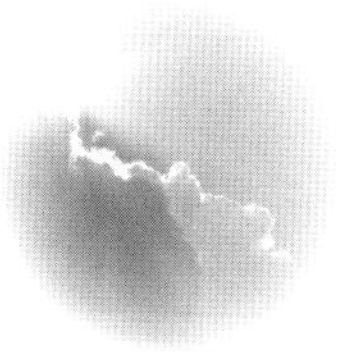

我們從一出生就註定開始變老 但變老並不意味著衰敗及陳舊，而是擁有更多變化的嶄新機會和可能。法國心理治療師瑪麗·德埃內澤（Marie de Hennezel）出版《防止身體生鏽，保持內心的熱情》（The Warmth of the Heart Prevents Your Body from Rusting, 2012）一書，裡頭受訪者都是具有熱忱的老年人，好奇、能喜、能驚、會學習、會思考，保有感官能力。她認為就算身體嚴重退化，這一切都還是能夠保存下來。

雖然，老年會擔心健康不佳、收入、社會地位改變，容易遭受喪親之痛。但研究顯示，多數人年紀越大會越快樂，晚年生活仍比較會是黃金時代。2015年，巴西、英國和紐西蘭幾位學者（Valdiney Gouveia, Katia Vione, Taciano Milfont, Ronald Fischer）針對「生命全期的價值型態改變」（Patterns of Value Change During the Life Span）進行研究。他們檢驗了超過三萬六千名來自巴西國內各個區域的參與者，男女各半，年齡從十二歲到六十五歲。研究顯示，當人們變老的時候，會越來越在意美感與知識的追求，這樣的改變，會讓老年人特別重視生命的價值，想要找到自己生活的意義，不會再像年輕時，只在意是否能夠獲得感官的刺激。

隨著年齡增長，有人覺得人生更加有趣、有質感，有人卻一味地感到焦慮、恐懼。2014年，蓋洛普調查八萬五千一百四十五位美國十八歲以上人的幸福感，七十歲以上的人，男性有百分之七十滿意現在自己的年紀，女性有百分之六十五，無論男女，滿意度都高於其他六十五歲以下的人。其中四十歲到六十四歲是滿意度最低的階段，男性不到六成，女性不到五成。很特別的是，在八十五歲以後，女性對自己的滿意度高於男性。

希伯來文中guil一字，同時代表年齡和喜悅。老年不應被禁錮在年紀的牢籠，也不應被侷限在單向、直線性的時間感，打破年紀的刻版印象，發展時間的多維度世界，老年的生命會有令人意想不到的可能性。我們常說，生命的意義和價值，不再於它的長度，而是深度和廣度。返老還童的年輕化或幼兒化的欲望，對社會並無多大助益，只會讓生命擱置在一個狹窄的淺灘罷了。老年還能活著，是上天的恩典、神的祝福，也是自己努力贏得的禮物。因此，對於老年人，沒有比決心活出自己的年紀更重要了。

1970 年倡導美國「灰豹運動」（Gray Panthers movement），並且成立灰豹組織以對抗老年歧視的美國行動主義者麥姬．孔恩（Maggie Kuhn,1905-1995）說：「最好的年紀，就是你現在的年紀。」（The best age is the age you are）；1950 年出生，三次獲得葛萊美獎提名的爵士歌手瓊．艾瑪崔汀（Joan Anita Barbara Armatrading）也說：「無論你現在是哪種年紀，那就是最好的年紀。」（Whichever age you are, that's the best age）。

年紀不能做為生命停滯的藉口，許多藝術家在六、七十歲，甚至在八十歲才到達創意的尖峰。美國退休協會的研究更指出：五十歲以上人口的經濟規模，將是世界第三大的經濟體，未來高齡人口將成為引導全世界一股銳不可擋的族群。

美國矽谷頂尖設計領導品牌IDEO副合夥人葛芮琴（Gretchen Addi）說：「人生不是一座山，只能上坡、下坡；人生是一連串的學習、收穫與傳承，這段循環跟年齡無關，而跟你的所作所為有關。」過去二十年來，每個國家都在談如何迎接高齡化社會的來臨，但都提不出正面的回應方法。她認為，人生就是一座又一座的波形山峰，不同時間有不同的風景。

九十二歲的芭芭拉．貝斯金（Barbara Beskind）自小立志當設計師，卻一直不得其門而入。八十九歲那年，她發現IDEO在徵才，為了圓兒時的夢想，鼓起勇氣將履歷投出。面試的葛芮琴第一時間雖然感到驚訝，但她突然有個想法：設計師要跟長者一起設計，而非替長者設計。這個理由，讓她雇用了芭芭拉。也因為她的存在和經驗，讓正在進行高齡設計專案的IDEO，知道高齡者的真正需求。

葛芮琴也主導另一個計劃The Powerful Now，致力推動「創意老化」（Creative Ageing）。曾經邀請二百多位高階經理人，在舊金山、紐約參加座談。聚會時第一件事，就是要大家在名牌上寫下自己的年紀，藉由年齡這件事，與參與者產生連結，誘發與會者思考年紀與自己的關係。接著，邀請她們從工作、社群、健康、金錢、學習和創業等六大面向，分享彼此的想法。現場由有專人引導這些高階經理人將討論導向未來，進而尋找彼此的共通點。透過這種分享與討論，往往可以產生許多創意。

經歷長久的生命旅程，體驗各種生命滋味，老年意味的是一種自由與解放。我們擁抱年紀，但不為年紀所限。老年的生命，沒有什麼所謂標準的人生流程，每個人都獨一無二。所以，我們應該在意的是「我現在想要做什麼」、「我追求的是什麼」，而不是「我這個年紀應該要做什麼」，重要的是活出自己的味道。

第四篇 free and easy

智慧

人老，心就更明白了！

老人，智慧的象徵

自古以來，老人一直是智慧的象徵。所以，在電影、小說或神話故事中，「智者」、「先知」總是以老人的形象出現。

舊約聖經中，亞伯拉罕（Abraham）、摩西（Moses）和大衛王（King David）；古希臘史詩《奧德賽》（Odyssey）裡的曼特（Mentor）；反種族隔離的小鬥士梅爾芭．畢爾絲（Melba Beales）十五歲時所寫《勇士不哭》（Warriors Don't Cry）裡的印第安奶奶；由約翰．艾維遜（John G. Avildsen）導演的 1980 年代好萊塢經典電影《小子難纏》（The Karate Kid）中，扮演師父的宮城先生（Mr. Miyagi）；丹．布朗（Dan Brown）的暢銷小說《達文西密碼》（The Da Vinci Code）裡的賈克．索尼耶赫（Jacques Saunière），這些智者都是老人的樣貌。

在榮格（Carl Gustav Jung, 1875-1961）的心理分析學中，「智慧老人」（the wise old man）更是一種「原型」（archetypes）的存在，是集體潛意識中，人類不分地域與文化的共同象徵。這位老人，一方面象徵著知識、深思、卓見、睿智、聰敏與直覺，另一方面也象徵道德意義，諸如善良和悲憫，這些特點讓他成為人類集體的精神導師。

榮格說，智慧老人的原型所洞察的是永恆的真理。根據榮格對「智慧老人」的描述，當人們處在危急、不確定時，當需要勸導、指引、幫助時，此原型常以隱逸的教士、牧師、巫師等等世外高人的面貌出現。

老人是智慧的象徵，不只是一種神話、想像，一種集體的潛意識，也是對老年生命的期待。大多數心理學家都認同，如果智慧的定義，是在面對未來，仍然可以保持積極、健康和慈悲的心態，那麼，它可以說是一個人是否能夠順利步入老年階段，並且面對體力的衰退乃至死亡，所需擁有的最重要的品質，也是老年生活是否幸福的決定因素。

在印度和中國傳統宗教信仰，如印度教、佛教、道教，都強調智慧的重要性。佛學的目的在啟發一個人的智慧，去除無明；人如果能不被外境所迷惑，而產生種種的煩惱與苦痛，才能夠讓看清事物的本質，覺悟真理而明心見性。

美國佛羅里達大學（University of Florida）的社會學教授莫妮卡・阿爾戴特（Monika Ardelt）的研究顯示，晚年生活的滿意度包含維持身心健康、不求回報的付出，以及與他人保持積極的關係等幾個要素。她曾質疑如果一個人身體衰退，或他所承擔的社會角色減弱，甚至遭受了重大損傷，很可能就無法滿足這些要素，這些人是否就不能安享晚年？

然而，阿爾戴特教授發現老年生命裡，即使曾深受創傷的人，也可以找到人生意義，在晚年中怡然自得，其中的關鍵就是智慧。她說，智者能夠接受現實本來的面目，並泰然處之。阿爾戴特教授的研究顯示，住在養老院的人或絕症患者，如果在智慧量表測得的分數較高，他們所自陳的幸福感也較強。因此，她指出：如果現實生活已經夠糟糕了，那麼，保持明智就更加重要。

阿爾戴特教授曾經制定了一份由三十九個問題組成的量表，研究老年生命智慧與處事能力的關係。在這張量表中，包含諸如此類的陳述：「如果我覺得某個問題根本沒辦法解決，那麼它對我就沒什麼吸引力」、「我跟形形色色的人都相處得很好」，或者「我很容易被跟我爭論的人激怒」等等。然後，她又假設了一些挑戰和危機，讓受訪者回答了相關問題。研究發現，在測試中顯示出較高智慧的人，也擁有更高明的處事技巧。他們在應對困難時的心態，往往更為主動積極。

美國知名的心理治療師伊莎貝拉．比克（Isabella S. Bick）說，年老的時候，如果總是想着「我真受不了我現在的樣子，因為我跟以前簡直判若兩人」，這是通往智慧人生的一大阻礙。雖然已經八十一歲高齡，她仍時不時離開她位於康涅狄格州沙倫市的家，從事非全職的治療工作。在她的客戶中，有一些老人因自己的外貌、性能力、體力或記憶力，不如以往而大感沮喪。對於他們（以及她自己）而言，接受衰老是成長的必要條件，她說，但「這不是聽天由命的不得已而為之，而是欣然地接受自然的規律。」

甚麼是智慧？

智慧是很難界定的概念，我們很難在教科書或字典裡，獲得滿意的答案。一般而言，智慧指的是洞悉生命的哲理，甚至是具備有如神啟般的能力。

亞里斯多德將智慧分成兩種型態，一是通然的、神一樣的、全知的智慧，一是所謂實踐的智慧（phronesis, practical wisdom），也就是在實際處境中，辨別和決定應如何行事為人的智慧。這裡頭涉及情緒管理和推理能力，並且能夠將自我利益跟他人利益調和。

美國老年神經心理學家維維安．克蕾頓（Vivian Clayton），在二十世紀七零年代攻讀研究所時，就開始對智慧展開一系列的研究。她分別邀請法律系學生、法學教授和退休法官，列舉出他們各自心目中智者的特徵。根據分析的結果，她認定智慧包含三個關鍵的組成部分：認知（cognition）、反思（reflection）和悲憫（compassion）。

克蕾頓博士認為，要成為一名智者，一個人必須花費時間從認知性知識中，提取出更深層次的見解和觀點（反思構面），然後再使用它們來理解和幫助他人（悲憫構面）。

阿爾戴特也認為，智慧不應窄化為專業知識，而是認知（cognitive）、反省（reflective）和情感（affective）的統整。認知指的是對生命意義的深度理解，尤其是對生命不確定的覺察；反省是能從不同角度觀察，並能發展出自我覺醒、自我洞識，降低自我中心的偏執；

情感是基於人性及對他人的理解，所發展出的同理和慈悲心。

德國發展心理學和老年學家貝爾特斯（P. Baltes,1939-2006）認為，智慧是老年認知功能的重要象徵。至今，他在德國建立的「馬克思．普朗克人類發展研究所」（Max Planck Institude for Human Development），仍然是世界上研究人類智慧的重鎮。貝爾特斯認為，智慧是對基本生活實務的專家知識。老年人由於長久的生活歷練，看透了生命百樣及人性本質。因此，可以對複雜多變的事情，提出卓越的意見和行動。她認為要擁有智慧必須包含下列的條件：

一、**豐富的事實性知識**：如對人性的理解、人際關係的了然，以及其他生活中重要事件的把握等等。

二、**豐富的程序性知識**：如採取行動、提出建議、評估和解決矛盾的策略等等。

三、**生命全程的脈絡性觀點**：能夠考量每一個人可能面對的不同歷史、社會的生命情境，要理解一個人或一件事，就必須將它置放在脈絡中。

四、**生命價值的相對觀**：不以自我為中心，能夠承認、接受和容忍不同的生活目標和生命價值。

五、接受生命的無常：會考量生命的不可預期性與不定性，能夠對生命的無常有所體認和接受。

「柏林智慧計畫」（Berlin Wisdom Project）是一項於二十世紀八零年代啟動的研究，該項目通過研讀古代和現代的文獻，將智慧定義為：「關於生活基本實用領域的專業知識體系。」該項目的創始人之一，厄休拉．斯托丁格（Ursula M. Staudinger）還進一步將其區分為一般智慧和個人智慧，前者指從局外觀察者的角度來認識生命，後者指深入洞察自己的人生。

這位生涯發展心理學家表示，真正的個人智慧包括五個要素，包括：自我洞察力、證明個人成長的能力、對所處的歷史時代和家族史的自我意識、認識到凡事的先後緩急和價值都不是絕對的、認識到生活中充滿了不確定性。

他認為，能夠滿足上述意義的智慧，實際上極為罕見，而且研究顯示，在人生的最後幾十年，還會呈下降趨勢。應對策略之一是，在晚年也要盡量保持積極的生活態度，才可能逆轉這一趨勢。智慧的老年人，更有可能回過頭去審視他們的生活，並認可迄今所發生的所有事情，都是為了追求最好的結果；他們勇於承認自己的錯誤和損失，並始終盡自己所能去改善現狀。真正的智慧，包括認識到自己內外部的負面因素，並試圖從中汲取教訓。

聰明人不見得有智慧

1990年代初期，各種智商測驗紛紛出爐。此後，智商的高低，往往成為評斷個人智力和能力的重要指標。第一次世界大戰，美國的軍員招募，智商測驗就被用來作為甄選的條件之一。

然而，1926年，美國史丹福大學心理學教授特爾曼（Lewis Terman）曾經進行一項關於智商的長程實驗。他從加州的各個學校中，挑選了一千五百名IQ得分在一百四十以上的學生，其中有八十人IQ在一百七十以上。這群實驗代號被稱作「白蟻」（termite）的孩子，隨後的幾十年裡，追蹤了他們一生的起落。

就如預期一樣，這些「白蟻」許多人獲得了財富和名望，他們的平均薪酬是普通白領的兩倍。然而，並不是所有人都達到特爾曼的預期，他們之中仍然有許多人從事更底層的職業，比如貨車司機、水手以及打字員。

這次試驗的數據結果顯示，智商與成就之間並沒有達到完全相關，智商高和能否成功之間不存在必然的聯繫。此外，研究顯示，聰明同樣沒有能夠給這些人帶來更多的個人幸福。白蟻人群中，離婚、酗酒與自殺的比率與全國平均水平相同。

雖然，不是每一個高智商的人都會過著悲慘的生活，研究結果仍舊令人費解。為什麼高智商，不能轉化為生活的成就或幸福。

研究發現，在決策上，高的智力並不等於會有更明智的抉擇。實際上，選擇可能更加愚蠢。詹姆斯麥迪遜大學的（James Madison University）理查·威斯特教授（Richard West）以及多倫多大學（University of Toronto）凱斯·史丹維奇教授（Keith Stanovich）曾針對美國哈佛大學、普林斯頓大學與麻省理工學院的學生進行一種理性測試：

假設，一根球棒和一顆球合計價格是一美元十美分，而球棒比球貴一美元，那麼球的價格是多少？多數人會直覺回答十美分。但正確答案是：一顆球的價格是五美分，球棒的價格是一美元五美分。

研究結果發現，這些高智商的學生，有超過半數以上的回答錯誤。證明明智的決策，和決策者的智力水平，彼此是相互獨立的。為何聰明的人，反而愈容易做出蠢事或是愚蠢的決定？

一、受到「我側偏見」（Me-side Bias）的影響。很多人都有這樣的傾向，在收集信息時，更多關注在支持原先預設的部分。因此，很容易選擇那些「站在我們這邊」的證據，而忽視了客觀的其他訊息。史丹維奇教授發現，和智力水平一般的人相比，聰明人並不會去避免「我側偏見」的出現。

二、智商高的人，更可能存在「偏見盲點」（Bias Blind Spot），即由於自己的偏見而存在的盲點。聰明人很容易看見，並批評別人的錯誤，但他們卻很少看到自己的缺點。愈是聰明、有自信的人愈是如此。因而，很容易落入自我偏見的陷阱。

三、容易陷入「賭徒謬誤」（Gambler's Fallacy）。「賭徒謬誤」是指，如果擲一枚硬幣十次都是正面朝上，賭徒會覺得，第十一次反面朝上的機率就變得更大，這顯然是錯誤的，因為第十一次反面朝上的幾率，和前十次的結果無關。但高智商的人卻比智商一般的人，更容易陷入這樣的「賭徒謬誤」，因為他們對自己的判斷很有自信。

四、智商高的人，因為對自己的決策／判斷力很有自信，他們也就更傾向於依賴直覺。研究顯示，智商為一百四十及以上的人，有兩倍於普通人的可能，會刷爆他們的信用卡。實際上，史丹維奇教授發現，在網絡傳播虛假信息的人，通常是智商更高的人。顯然，聰明的人可能是危險、愚蠢，也更容易誤入歧途。

如果，聰明並不能帶來理性的決策和更好的人生，什麼才能？加拿大滑鐵盧大學（University of Waterloo）葛羅斯曼（Igor Grossmann）教授認為，我們需要考慮一個更古老的概念：「智慧」。他說：「雖然智慧的概念有一些飄渺不定，但如果仔細查閱它的內涵，很多人會同意，智慧的定義正是：有能力做出『不受偏見影響的決策』。」

在一個實驗中，葛羅斯曼教授向他的志願者們，展示了不同的「社會兩難困境」（Social Delimma）：從「如何應對克里米亞戰爭」，到報紙上提問欄目中，刊登的人們訴說的種種困擾，志願者們被要求討論這些困境。同時，一組心理學家評價他們的邏輯過程，和「是否容易出現偏見」。評判內容包括：提出的觀點和討論邏輯是否完整、是否願意承認自己所知有限，也就是對於自己智力的「謙遜」，以及他們是否會刻意忽視，那些不支持自己觀點的重要細節。研究者認為，這幾個問題代表了更「智慧」的思考方式。

結果顯示，在這幾個問題上，獲得心理學家們高分評價的那些志願者，有著更高的生活滿意度、親密關係質量，還有更低的焦慮水平，煩惱也較少，這幾點正是所有典型的「聰明人」都缺少的東西。研究還發現，智慧的思考方式，甚至能保證更長的壽命：那些獲得高分的人活得更長。

葛羅斯曼教授發現，智商與一個人在上述評估問題中表現毫不相關，智商高不代表有更多的智慧。聰明的人雖然可以非常快速地產生觀點，闡述為什麼他們的觀點是正確的，但很可能會用一種有偏見的方式。

老人不笨，只是容易相信他人

在刻版印象中，都認為老年人警覺性較低、知識不足、腦筋不靈光，比較容易受騙，一些詐騙集團也常會鎖定老年人，做為詐騙的對象。然而，研究指出，老年人在遭遇科技類詐騙時，反而比年輕人來得聰明。

國際市場調查公司易普索公共事務（Ipsos Public Affairs）與科技研究組織及微軟（Microsoft）合作，曾經針對十二個國家共一千人人進行調查，其中包括英國與美國。

調查發現，十八歲到二十四歲的應答者中，有百分之十四表示曾與詐騙集團接觸，但並未損失金錢，而有百分之十三應答者曾因此受害；二十五歲到三十四歲的應答者，受害狀況更為嚴重，有百分之十四曾接觸詐騙集團但未受騙，但有百分之十八曾上當並交出現金，是受騙機率最高的族群；而五十五歲到六十五歲，以及六十六歲以上的應答者中，曾與詐騙集團接觸過的人，分別僅有百分之七與百分之八，並且都只有百分之三受害。

老年人普遍被認為是受到詐騙的高危險族群，也更常被提醒應多加警戒，但調查研究卻顯示完全相反的結果。研究認為，即使年紀較長的人，對最新科技或社群媒體可能並不熟悉，遭遇詐騙時仍表現得較聰明。

有些老年人容易被騙，往往因為過度信任別人。卡斯特等人（Castle et al. 2012）曾經進行兩項實驗。第一項實驗要求受試者將照片中的人區分為三類：可信賴、中性、不可信賴。研究發現老年人與年輕人，都可以成功的指認出可信賴與中性的人，但對於那些看來不可信賴的人（照片中的人出現奸笑的表情、遊移的目光，或後傾的身體等），老年人對於種種可疑的線索卻顯得較不敏感，也更容易將其視為可信任與可親近的。

第二項實驗則進一步要求受試者評估照片中人物的可信度，並同時接受腦部的掃描。

研究顯示，當年輕人看到某張不可信賴的照片時，其前腦島（anterior insula）區域會出現明顯的活動跡象，這個部分就是所謂「直覺」（gut feeling）的來源，可協助我們詮釋他人的可信程度，與評估社會情境中的潛在風險或利益。

然而，當某張不可信賴的照片呈現在眼前，相同的腦部區域在老年人身上卻未見任何反應。因此，老年人似乎傾向忽略負面線索，而多以正向（但可能不盡正確）的角度去體驗週遭的人事物，蘿拉·卡斯滕森將這種現象稱之為正向偏誤（positivity bias）。

人到晚年會將和他人建立緊密的情緒性連結，視為有生之日的首要目標，而信任他人，無疑是和他人建立親密關係的重要前提；同時，對他人採取正面的重新評價（positive reappraisal），也讓老年人更容易信任他人，並更願意向他人請求協助，以化解生活上因機能衰退，所帶來的種種不便。因此，信任他人是一種促進老年人，調適晚年生活的應對策略。然而，就像一把雙面刃，這種正向偏誤也會帶來不利的後果。

老了，為什麼比較有智慧？

直覺上，隨著年齡的增加，人應該會變得更有智慧，但一些研究顯示，並非全然如此。研究指出，老化會減低心理的機制，例如神經元（neurons）、連結（connectivity）、代謝（metabolism），以及腦部處理新訊息的速度，因而會阻礙智慧的產生。研究發現，心理的機制在二十五到三十歲之間，達到最高峰，之後就逐漸衰退。

另外，許多研究也顯示，老化會造成腦部活力緩慢。例如，由於大腦裡顳葉內側記憶系統（medial temporal lobe memory system）和額葉紋狀網絡（frontostriatal networks）的失常，造成情節記憶和大腦執行功能下降，而這些又是進行規劃、多重任務處理、口語流暢所必須的。

人的頭腦是由數以千億計的神經細胞（又稱為神經元）所組成，這些神經細胞專門傳遞訊號。當位於細胞表面的受體，接收到神經傳導物質時，神經細胞便會產生動作電位以傳遞訊息。神經細胞會從本體處，長出觸手狀的組織，稱為軸突（axons）和樹突（dendrites）。

樹突負責將資訊帶回細胞，而軸突則是負責將訊息傳遞出去。根據對恒河猴的研究顯示，隨著年齡增長，這些功能都會逐漸退化。

然而，許多神經生物學（neurobiology）研究顯示，智慧會隨著年齡增長。雖然老化減少某些腦部的活躍性，但證據顯示，這些變化會在支持和社會行為中補償回來。很多人在這些腦部活動會增進智慧，從衝動、自我中心轉向情緒平衡、沉著，而且更具有社會良心。

科學研究發現，老年人比較不會受到犯錯的困擾，並且能更有效的運用他們的頭腦。從行為科學和神經科學的研究文獻，老年的優勢在於：利社會行為（prosocial behavior）、解決社會衝突、情緒穩定、自我反省，以及在危急、混沌和人際選擇的時候，都可以發揮年老的優勢。

加拿大蒙特婁大學老年病學研究所教授莫基（Oury Monchi），找了二十四位從十八到三十五歲的年輕人，以及十位從五十五到七十五歲的老年人，比較他們面對挫折的反應。參與者被要求執行一種配對遊戲，但進行時會隨時改變規則，造成參與者的挫折感。過程中經神經影像造影掃描顯示，當研究人員告訴他們做錯了時，年輕人和老年人的腦部反應非常不一樣。年輕人會感到懊惱、生氣或沮喪，老年人則會平靜的等待下一題。研究印證了伊索寓言「野兔與烏龜」的啟示，與年輕人相比，老年人知道操之過急將一無所獲。

智慧是站在超越自我的高度

如今，哲學家與心理學家不斷擴大的共識是，明智判斷的範圍包括認識到個人學識有限的能力，承認別人的觀點並尋求與對立觀點調和。

葛羅斯曼教授曾研究比對二十五歲及七十五歲的智慧發展，發現在人際交往的智慧（即對個體間關係的認知）方面，兩百二十五名美國參與者的分數隨年齡增長由四十六分增至五十分；在推理能力的測試中，年長五十歲的美國參與者得分要高出百分之二十二。

葛羅斯曼教授認為智慧是一種對自我的感覺、意義與理解。在西方文化中，自我是一種獨立的個體，每一個人都對自己是誰，具有明確的自我概念。葛羅斯曼的跨文化研究顯示，自我越相互依存、越與他人有彼此信賴的人，自我受到威脅的程度越低，而且更能進行智慧的推理。

葛羅斯曼教授認為，老年若能「去中心」（decentering）有助於智慧的發展。他說，老年智力不必然是衰退，例如經由冥想（meditation）的過程，抽離自我，能站在更高的層次去看這個世界。

有許多證據顯示，冥想會誘發神經生物學的改變。美國波士頓哈佛醫學院「薩拉拉扎爾實驗室」（Sara Lazar's lab）研究顯示，八週的冥想就可以增加腦部裡的灰質密度（gray matter density），這部分與執行功能、工作記憶有關，更重要的事，跟發展智慧有關的同理、慈悲和自我超越有關。

這項實驗讓十六個人接受八周的靜心課程，讓引導式冥想和靜心綜合課程，融入他們每天的活動。最後，透過核磁共振成像掃描發現，大腦中與學習、記憶、情感調節、自我意識和洞察力有相關的區域，其灰質含量都提高了。其他研究也顯示，對於長期冥想的人，其大腦海馬記憶體，以及額葉的灰質含量都大大地提昇。

威斯康辛大學麥迪遜分校的研究顯示，冥想能降低大腦中焦慮和壓力相關部分區域的灰質密度。冥想者更容易讓自己，能時時刻刻投身於人生所面臨的逆境洪流中，而更不容易為之所困。

加州大學洛杉磯分校的神經成像實驗室教授呂德斯（Eileen Luders）和同事們發現，長期冥想者其大腦皮質皺褶（能讓大腦以更快的速度處理資訊）的數量，比沒冥想的人還要多。皮質皺褶就是負責讓大腦優化其資訊處理、決策制定、記憶形成以及注意力的功能。

美國加州大學老化研究中心主任利普．傑斯特（Dilip Jeste），認為前額葉皮質（prefrontal cortex）是腦部裡負責智慧的地方。為瞭解智慧及其神經生物學的基礎，他運用多管齊下的方式進行研究。首先，他進行廣泛的文獻探討，確認智慧的意義。其次，它組成一個專家小組，徹底討論智慧、聰明的特質。這些專家皆以匿名的方式回應，將這些特質標示出來。綜合專家們的意見，得到一個廣泛的共識：智慧的人大都聰明，但聰明的人不見得有智慧。

接著，研究者訪問了臨終照顧的病人，他們都已經走到生命的盡頭，談談她們所認為的智慧。最後，陳述一個具有文化特殊性的智慧困惑問題，在醫療人類學家和一些特殊軟體的協助下，傑斯特分析印度教三大聖典之一的《薄伽梵歌》(Bhagavad Gita）。他們的重點在智慧及其同義詞，例如睿智（sagacity），以及其反義詞，如愚蠢、笨拙等等，想要發現這些詞在《梵歌》被使用的次數，以及使用的情況。

分析顯示，真正引人注目和驚訝的是，雖然在不同的情況下，但是智慧的構成要素出奇的相似，包括：具有生活實用的知識、情緒調解、利社會行為（包含憐憫、利他和同理）、知道自己的優點和侷限、決斷力和接受不確定性。

更令人訝異的是，這些元素歷經幾千年至今仍然有其一致性，因此，傑斯特認為會應該有其生物學的基礎。它顯然在腦部，卻不知在何位置。於是，他門研究腦部顯影、基因、神經化學和神經病理學。將目標放在智慧的個體構成要素，和它的反面，例如衝動、反社會人格等等。

個案研究發現，腦部受到損害的病患，不管是因傷或撞擊，都會影響人格的發展。傑斯特研究發現，一位二十幾歲年輕聰明的軍人，能力高、適應強，擁有美滿的婚姻。有天開著吉普車撞到地雷，腦部的前額葉皮質受傷，卻導治人格大變。後來他經歷三次離婚、再婚，僅能送報紙以餬口。

進一步的線索來自於行為型額顳葉失智症 (behavioral frontotemporal dementia) 的神經退化性疾病（neurodegenerative disease），這種傷害會影響前額葉皮質。額顳葉失智症的患者，常常會做出錯誤的決定，缺乏洞察力，變成衝動、激情，有時會有反社會行為，而這些正是智慧的對立面。

加州大學老化研究中心針對兩千三百九十七位病患的近期回顧研究，研究者發現這些被診斷為額顳葉失智症者，比罹患阿滋海默症的病人更可能有犯罪行為，包括偷竊、交通違規、公共場所便尿，這些行為都跟認知損害有關。因此，傑斯特指出智慧的神經電路（neuro-circuitry），涉及到負責理性、紀律和自我保護功能得背側前額葉（dorsolateral prefrontal cortex）、專司生物生存所需的和善、支持、社會和情感行為的大腦正中前額葉皮層（ventromedial prefrontal cortex）、做為前額葉皮質各個部份衝突的中介的前扣帶迴皮質（anterior cingulate cortex），以及腦部的獎賞電路（reward circuitry）的紋狀體(striatum)。

依據傑斯特的說法，智慧是來自於這些腦部區域活動的平衡。例如，一個非常利社行為的人，如果將所有的一切給予他人，自己將無法存活，但若都一毛不拔，人類社會將無以維繫。所以，取捨之間必須平衡。

傑斯特指出，老化關係到腦部活動的轉變。例如，老人有所謂 大腦半球非對稱性減弱模型（Hemispheric Asymmetry Reduction），與年輕人相比，老年人在完成某些認知任務時，大腦啟動呈現出非對稱性減弱的現象。在年輕時比較不活躍的那半部前額葉皮質，在老年時顯得較活躍。幾乎全屬視覺處理區的枕葉〈occipital lobe〉，老年時活動也會轉變，所謂老化的「後前轉移」（posterior-anterior shift）。

智慧和老化並非同義詞，老不見得就有智慧。有些人老了仍然頑固、封閉、吝嗇、易怒。但是，隨著年齡的增長，老年人確實比較有可能有智慧。傑斯特說，如果年老顯現的只是脆弱、疾病和無能，將無助於人種的生存。他認為，有失必有得，智慧的產生即是老年的補償。

另外，與老年智慧有關的是幽默的研究。波士頓大學神經心理學家布勞內爾（Hiram Brownell）研究發現，年輕時，人們喜歡的大致是一些荒誕不經，或一些牛頭不對馬嘴的無厘頭笑話。年老時，能引起會心一笑的，不能只是狗屁不通的笑料，而且必須要有邏輯一致性的哲思。

慈悲是一種智慧

現代對於智慧的定義，往往更強調良善和慈悲，儘管佛陀、甘地和達賴喇嘛的教誨中，並沒有這麼一條。阿爾戴特說，智慧的顯著特點在於減少「自我中心」。對於事件，智者會嘗試從多個角度，而不僅從他們自己的立場來了解情況，因此表現得更加寬容；做為智者，不僅要有能力調節自己的情緒，還要能顧及他人的情緒狀態。因此，不會對自己需要或應得的東西斤斤計較，反之，更在乎的是可以做出什麼樣的貢獻。

《焦點》（Focus）和《情緒智力》（Emotional Intelligence) 的作者丹尼爾．戈爾曼（Daniel Goleman）也認為，智慧的特徵之一是擁有寬廣的見識，且並不以自己，甚至自己所屬的團體或組織為中心。

研究顯示，神經質指數偏高的人，不太可能會很明智。加州史丹福大學長壽研究中心（Stanford Center on Longevity in California）的創始主任、心理學教授勞拉．L．卡斯滕森（Laura L. Carstensen）說：「他們以自我中心和消極的方式來看待世界，所以，無法從經驗中獲得情感層面上的效益，即使他們可能相當聰明。」

曾經提出了人生社會心理發展階段理論的心理學家艾克力森（Erik Erikson），他用「慷慨」來形容智慧。「慷慨」是智慧的一個重要標誌，它表示不求回報的付出。付出的形式各色各樣，可以是創造力方面的、社會意義上的、個人角度上的，也可以是經濟層面上的。

二十世紀八零年代後期，戈爾曼博士採訪了年已八旬的艾克力森及其妻子瓊 (Joan)。最初，艾克力森的人生社會心理發展理論，包括從幼年直至老年的八個階段。然而，當艾克力森夫婦自己邁入老年之後，他們發現還需要補充第九個發展階段，且智慧在這一階段裡，發揮着至關重要的作用。他們認為，老年人如果對自己身心的完善充滿了自信，這種信心足以抵擋因身體逐漸衰老，所帶來的絕望情緒。

瓊·艾克力森在她丈夫的著作《生命周期的完成》(The Life Cycle Completed)的擴展版中寫道：到了晚年（八、九十歲），即便是日常生活中的簡單活動，也可能成為難題。無怪乎老年人開始感到疲憊，時而覺得沮喪。書中指出：「以信念和適度的謙遜，來面對絕望或許是最明智的選擇。」她說：「適應是每個人都必須邁進的過程。我們要調動起所有的機敏和智慧，以輕鬆和幽默的態度，來接受類似殘障的生活。」

克蕾頓博士說：「有些人無法認同『知足常樂』，因為他們已經太過於習慣不斷索取。」她認為生命無論存在多大的局限性，如果能夠將複雜的生活簡單化，也是智慧的一個標誌。知足常樂和簡單生活，不等同於放棄。艾克力森解釋說，事實上，老年人在缺乏挑戰時，只顧自己（self-absorption）的習性，就可能佔據他人生的主導地位，人也會隨之變得死氣沉沉。因此，設定符合自己現有能力的目標，在老年生活中就成為非常重要的關鍵。

此外，繼續進修也可作為老年增長智慧的重要途徑，因為它可以使人不會停滯，並且不再那麼孤單。老年學習不在於獲得專業技能，阿爾戴特教授說，對於老年人而言，引導他們如何更有意義地生活，可能比實際操作技能的更加有用。因此，她建議老年人參加「引導性自傳」(guided autobiography) 或「生命回顧」(life review) 之類的課程，以增進智慧。

克蕾頓博士指出，老年這一刻，人生發生了根本性轉變：人們開始思考他們的生命還剩下多少時間，而不是已經過去了多久。反思自己生活的意義和安排，可以幫助人們自如地應對這種重心的轉移，享受人生最後的夕陽紅。

幸福是一種選擇的智慧

許多有關幸福感的調查研究結果，老年人感覺幸福的程度，總是高於其他年齡層。美國芝加哥大學全國民意研究中心，在 1972 年至 2004 年期間，每年對一千五人至三千人進行有關幸福感的問卷調查。三十年的調查結果顯示，人們的總體幸福水平會隨著年齡的增長而增加。也就是說，年齡越大的人，越可能說自己幸福。十八歲的美國人中，有百分之十五至三十三的人說自己非常幸福，而在八十多歲的受訪者中，有半數以上的人說他們非常幸福。

紐約州立大學石溪分校（Stony Brook University）心理學教授阿瑟史東（Athur Stone）和他的研究團隊，在2008年電話調查了340,847位美國民眾，分析他們的整體幸福感和年齡之間的關係，結果再度肯定美國人的整體幸福感確實是呈現U型，整體幸福感在五十到五十三歲之間落到谷底，年輕人和老年人是兩個最幸福的年齡層。

聖地牙哥加利福尼亞大學（University of California, San Diego）的研究人員，招募了1546名年齡在二十一到一百歲之間的志願者，調查了他們的生活滿意度、壓力感、焦慮，以及抑鬱的程度。結果顯示，隨著年齡的增長，人們心態的改善呈現顯著的線性提升，參與者每十年的生活滿意度，都高於前十年，老年人在上述指標中明顯優於年輕人。與老年人群體不同，年輕人則表現出明顯的生活壓力，以及出現了抑鬱與焦慮的症狀，其中二十到三十歲之間的群體這些症狀尤為顯著。

美國疾病預防控制中心（CDC）也曾進行了一項調查，他們詢問受訪者，在過去一週內，是否有過顯著的情緒困擾。結果則發現，老年人的困擾比中年人少，更比年輕人少。研究顯示，人們的壓力、煩惱和憤怒，全都隨著年齡增長而下降。

事實上，老年往往會面臨體力衰退、記憶不良、地位失落、經濟困難種種的問題，為什麼會出現人老了，反而比較快樂的所謂「老化悖論」（Paradox of Aging）現象。這種解釋大致上有兩派說法：一派說是因為老年人腦力衰退，所以對於負面往事較容易遺忘；另一派認為老年人變的快樂是他們做了選擇，有意識地選擇了快樂。

有越來越多的臨床報告顯示，比起年輕人，老人似乎有較少的負面情緒，和較多的正面情緒，而且較願意去回味美好的往事、淡忘負面的記憶；有報告說，年長的人會選擇做正確的事情，來幫助自己開心。例如會避開讓他們不愉快的朋友、負面新聞和無趣的活動；又有研究報告說，給老人選擇看正負面事物交雜的照片群，他們比年輕人更會專注在看正面事物的照片。

美國史丹佛大學的長壽研究中心蘿拉．卡斯滕森（Laura Carstensen）和她的團隊，在1993-2005年之間，追蹤了一百八十位十八到九十四歲美國人的幸福感。受試者每隔五年，就有一個星期要隨身攜帶通話器，隨時回答研究者的詢問，紀錄他們那幾天的享受、快樂、壓力、憤怒、擔心、悲傷等，各項正、負面心情及其程度。研究者把受試者在同一次回答享受、快樂（正面的）的得分，減去壓力、憤怒、擔心、悲傷（負面的）的得分，得到該次受試者的幸福感淨得分。研究結果發現：

· 幸福感曲線的變化，是因為每個人經歷不同年齡時，所產生的變化，而不是因為不同年齡群的人生背景不同所造成。也就是說，出生的時間並不重要，人們幸福感的提升，是因為他們年齡的增長。

· 並不是某一世代會比其他世代更能夠掌控情緒，而是相對來說，隨著年齡增長，同一個人會呈現越來越正向的情緒體驗。

· 老年人的情緒似乎比年輕時更複雜，他們能夠同時接納快樂和悲傷。他們更能了解，每件事都不是全好或全壞，因此許多事情更能淡定面對。因為能夠淡定，隨著年齡增長，他們情緒能有更大的穩定性，並且妥善處理自己的情緒問題。

蘿拉教授提出老年生活的「社會情緒選擇理論」（Socioemotional Selectivity Theory）。她認為，老年人變得比較快樂最重要的原因，是因為他們越來越能感受到壽命有限，來日不多，所以更知道要把握現在；他們比較能夠跟自己和平相處，不太去計較自己的成就或失敗，也不再愛和別人比較。蘿拉教授說，目前大家在憂慮社會人口老化，其實那可能帶來一個更快樂、更和平、更成熟的世界。至於傳說中的孤僻老人，可能他們在年輕時就已經是孤癖年輕人，只是後來沒有學會改進而已。

老年人一定體驗過，當我們對一個朋友微笑時，眼眶泛著淚水，一種悲喜交加的感覺。比起年輕人，老年人更容易接受悲傷。老年人往往會用同情心，而非絕望，來看待不正義。

研究發現思考敏銳的老年人，當處於危急情況下，會像他們處理正面資訊一樣，去處理負面資訊。這種能力是建立在人類獨特控制時間能力的基礎之上，不單單只是時鐘和日曆的時間，還有人一生的時間。蘿拉指出，這是因為我們具有一種「感應時間」的特殊能力，我們不只感應時間，也會隨著年齡生長而意識到我們無法長生不死。而當你發現剩下來的時間越來越短的時候，你的目標便會有所改變。

年輕的時候，時間可以揮霍，他們可能會把許多時間花費在沒有意義的事情，例如花了很多時間去追求一個人，但結婚後才發現他不適合他自己，甚至去做一些自己也感覺莫名其妙的事情。但是超過五十歲後，你比較不會跟自己不認識或不同一掛的人聚會，你不會因為寂寞，而隨便牽起另一個人，即使他在妳身邊。老了後，你會發現並不是躺在身邊的人，就可以擁抱。老了後，不會想像年輕的時候一樣，想要狂喝、想要喝醉，因為我們知道要對自己酒醉負責。

一個「智慧老人」的故事

英文有一篇作者不詳、出處不明的「智慧老人」（The Wise Old Man）的小品故事：

今天，一位身材不高、外表乾淨的九十二歲男士，搬進了老人公寓。太太最近剛過世，他覺得應該離開老家。在大廳裡，等了幾個小時，聽到房間已經準備好時，他微微的露出微笑。

他拄著拐杖，慢慢的走進電梯。我跟他描述他要住的小房間，包括掛在窗上當作窗簾的那條床單。他說：我很喜歡它。旁邊一個剛拿到新玩偶的八歲熱心男孩說：加涅先生，你都還沒看到房間耶！不過，等等就到了。

老先生回答：「沒關係，都一樣。幸福是我是事先的選擇，喜不喜歡這個房間，不會因為傢俱或裝潢而改變，重要的是我決定如何去欣賞它。我心裡已經決定喜歡我的房間，每天早上起床時，我都會記得這個決定。

我可以選擇整天躺在床上，唉聲嘆氣的細數身上那些不太靈光的器官，或者，選擇起身感謝上帝，我仍然有許多部位可以如常運作。活著每天都是恩賜，只要可以張開眼睛，我會專注在新的日子，以及在我一生中已經儲存的所有快樂記憶。」

老年就像一本銀行帳簿，晚年提領的是這一路上所累積的儲存。所以，我建議你，盡可能將你的幸福，存到記憶簿。

感謝你增添了我帳簿裡的快樂記憶，這些年來我仍然繼續儲存⋯⋯。請記得這些簡單的幸福訣竅：

心中無恨
腦裡無憂
簡單生活
給多一點
少些期待

這位智慧老人告訴我們：**幸福是一種決心、一種選擇**。老年充滿著幸福和悲傷，沒有太多時間耗費在生氣和焦慮。當我們意識到我們不再擁有全世界的時間時，就會看清生命中的優先順序。這時，生命中的瑣事，似乎變的不那麼重要了。我們漸漸把大部分的時間，拿去關注那些對我們有意義、會讓我們開心的事，我們把生命投資在更為重要的情感部分，並且更懂得珍惜，讓生活變得更美好，我們變得更快樂。此外，老年後更有欣賞力，更願意去讚美別人，更能接受和解。因而，生活更加美好，一天比一開心。

第五篇

free and easy

孤獨

老年的存在方式和生活能力。

孤獨是一種能力

人是社會性的動物，出生以後，從家庭到學校、友誼和愛情、工作或休閒，都需透過人際的接觸，相互扶持、彼此依賴，才能平穩、順利的走在人生旅途。因此，從小到大，每個人都希望生活中有人相伴，得以分享喜悅、分擔憂愁。

就像美國偶像歌手湯米佩吉（Tommy Page）所唱的：「每個人都需要一個可以哭泣的肩膀，每個人都需要一個可以依賴的朋友。」（A Shoulder To Cry On）尤其，當困難、無助的時候，我們總是想到的家人、朋友，家人的每一次叮嚀，朋友的每一聲問候，都帶給我們許多的溫暖、安慰與祝福，讓我們不會感到孤單。亞里斯多德說：「極度幸福的人很少是孤單的，因為人類是群居的動物，本質上仍想要與他人一同生活。」

然而，人同時也是不斷尋求自我的主體，喜歡保有一個人自由、自主的生活空間，建立個體的獨特性，才不致於在茫茫人海中，迷失自己的方向。當一個人獨處，進入孤獨的世界，就是學習誠實的去面對、感受、認識、理解和抒發自己。每當瑣事纏身，因而煩躁不安、心情浮動的時候，我們會希望一個人靜一靜，整理一下情緒，沉澱過後，總能重新看見自己，不會因為瞎忙，而忘記自己存在的模樣；不會因為邁開大步，而失去生命的方向。

對於遺世獨立的隱士而言，「花間一壺酒，獨酌無相親」就是一種生活的恬然。他們避開俗事的紛擾、人群的喧囂，半畝田、一間屋，簡樸、豁達的過日子。大衛·梭羅（**Henry David Thoreau,1817-1862**）說：「你永遠找不到一個比孤獨更讓人怡然自若的伴侶。」所以，「群居」和「孤獨」都是一種生命的需求，一種存在的方式，也是一種生活的能力。

「孤獨」（solitude）和「孤單」（isolation）或「獨處」（alone）是不同的生命狀態。「孤單」是一個人獨處，這時如果與寂寞（loneliness）聯結，這種孤單就會造成心裡的寂寥，期待有人相陪。但寂寞不一定產生在一個人的狀態，如果內心空虛，兩個人在一起還是會寂寞，甚至處在人群中寂寞依然。反之，獨自一人，內心卻能寧靜安詳、自在踏實，甚至因而導致自我覺察、自我提升，不會因為孤單而感到焦慮，那是一種孤獨。這時，即使一個人喝咖啡，也會感覺無限喜悅。

然而，每個人都會有寂寞來襲的時候，不管你承不承認，不管你接不接納它，寂寞總是在不經意的時候悄然出現。寂寞是現代人，特別是都市人常有的心境。為了驅趕內心的寂寞，我們常會沉陷在吵雜擁擠的人群，或勉為其難的隨手牽起另一雙手，接受不真心的廉價愛情，或在流行消費市場盲目追逐，購買許多昂貴卻沒價值的商品，或是，佯裝懷有一顆年輕的心而忙忙碌碌。然而，最令人感傷的是一陣歡樂過後，卻有「曲終人散空愁暮，招屈亭前水東注」的感慨，回頭一人仍然覺得空虛又淒涼。

因此，孤單不見得是好事，但是孤獨卻是一種享受；一個人獨處，這種孤單可能寂寞難挨，也可能享受孤獨。許多偉大的哲學家、藝術家，甚至是科學家，在某些程度上，他們都極度的孤獨。

「孤單」是老年不可避免的存在方式。雖然每個人的性格、境遇不同，但比起年輕時候，老年會面臨更多的「孤單」。因此，更需要有「孤獨」的能力。年老時，老友逐漸凋零，孩子也各有自己的生活，甚至，老伴也終有離去的一天。慢慢的，我們必須面對一個人睡覺、一個人吃飯、一個人散步、一個人泡茶、一個人沉思的日子，因為你不能或不想隨便去打擾別人。

漸漸的，有些人也會發現一個人看電影、一個人逛街、一個人聽音樂、一個人看展覽的自由與愜意，在獨處和獨思的情境中，享受孤獨的樂趣與生命的美好；然而，也有一些人會因為無法忍受生命的孤單，而感覺到無聊、寂寞。因此，孤單對某些人、某些時刻或某些情境來說，可能是最美好、自在的世界；對另一些人、另些時刻或另些情境來說，也可能是最可怕、寂寥的地獄。因此，孤單卻能享受孤獨，是一種幸福，也是一種能力。

孤單是生命的本質

從存在主義的觀點而言，「孤單」（Isolation）是人類生命的本質，也是生命的終極關懷（ultimate concerns）。存在主義治療大師歐文．亞隆（Irvin D. Yalom）提及人生有四項終極關懷：死亡、自由、孤單與意義。他說：人人渴望親密，卻終究發現自己就是孤單一人。

孤單有不同的類型，一種是內心孤單（Intra-psychic isolation），指的是與自己疏離。瑞士心理醫生賓斯旺格（Ludwig Binswanger,1881-1966）在討論典型的案例，談到愛倫威斯特（Ellen West）如何不再了解她自己的想法時，對她的描述：「這是最為孤單的狀態，幾乎與個人的自主有機體完全隔絕。」老年，慢慢的樣貌變了、行為變了，思考也改變了。偶然一天，攬鏡自照卻發現已經找不到意象中的自己，有時難過的發現不但別人不能理解你，甚至自己都無法接納、肯定現在的自己，那種自我的孤離感，往往會令人消沉、抑鬱。

另一種是人際孤單（Interpersonal Isolation）或是社會孤單（Social Isolation），指的是缺乏團體歸屬感、人際接觸，形成與社會隔離的狀態。社會性的孤單是一種常見的、假性的孤單，其真正問題的本質是空虛、寂寞。「遺世獨立」不見得會產生有人陪伴的需求。由於某些原因，被群體拋棄、被人群隔離，從而被迫斷絕了與別人的關係，如果內心空虛，生命就會成為一座孤島。

一般而言，屬於「撤退型」的老年生活，常會面臨這種的困境，尤其在傳統家庭結構逐漸崩解的時候，老年的人際疏離更加嚴重。調查顯示，約有三分之一的老年人會有人際孤單的問題，其中男性比例比女性高。原因是男性的人際網絡，往往建立在工作角色的基礎之上，一旦退休，很容易造成社會孤單的狀態。

除了內心和人際孤單之外，還有存在孤單（Existential Isolation），這是一種生命本質的孤單，指的是一個自身與外界之間無法逾越的鴻溝，一個不單是自身與外界、更是自我與世界的隔離。人生許多時候，不管怎麼努力逃避，這種孤單的感覺，卻總在一生的每分每秒中陪伴。孤單就是靈魂的影子，往往越是光亮的地方，影子也就越深。

在面對死亡的時候，這種存在孤單感覺最為強烈，因為那時才真正意識到，人是孤伶伶的誕生在這個世界，最後也孤伶伶的離開這個世界。或許我們希望在死亡時有他人在旁，或許我們會為著某個人或某個原因而死，但卻絲毫不減死亡的孤單。古時候君主為了解決死亡的孤單焦慮，因而找人陪葬。中國古代帝王墓葬制度裡，最殘忍的就是殉葬。包括秦始皇、朱元璋，陪葬及殉葬的嬪妃都有數十人。

奧地利薩爾斯堡（Salzburg）音樂節，每年都會上演一部根據雨果．馮．霍夫曼斯塔爾

（Hugo von Hofmannsthal）改編的英國中世紀話劇《每個人》(Everyman)，劇中「每個人」被死亡天使探訪時，都會乞求暫緩或延期。當這個請求遭到拒絕後，再乞求容許在他的死亡旅程有人陪伴。死亡天使答應他：「當然可以，假如你能找到這個人。」於是，「每個人」一直在找這位旅伴，而所有朋友和親戚，知道旅程的終點是個墳墓的時候，都以各種理由拒絕，其中一位遠親更以腳趾抽筋為藉口。

孤單的心理需求

從存在主義者的觀點，孤單是人類生存的本質，卻很容易引發生命的焦慮。然而，這種焦慮從何而來？因為，孤單會引發人兩種基本的心理需求：一是自我的歸屬感，一是存在的焦慮。由於歸屬感的需求，人們會不斷去尋找自己、發現自己，也會去尋求團體的隸屬，包括家庭、氏族、家鄉、黨派、團隊、會社和宗教信仰；存在的焦慮則是與生俱來，正如我們對危險的恐懼一樣，無法用理性、邏輯解釋。

只要活著，由孤單引發的焦慮、彷徨、不可知或慌亂，總是無處不在。印度哲學家克里希那穆提（Jiddu Krishnamurti）認為，人們學習、娛樂、交友、戀愛、結婚、宗教、信仰、工作、活動、興趣、愛好、權力與金錢、欲望，都是為了安頓一顆孤單的心，怕自己無事可幹而感覺到孤單，怕因孤單感引發莫名的焦慮、恐慌。

尤其，科技社會的人際疏離，人們更容易感到孤單寂寞，手機變成維繫關係的重要工具和媒介，沒有手機常會造成社會隔離的焦慮。英國研究院於2008年提出「無手機焦慮症」（Nomophobia），指的是那些沒有移動通信工具（如手機）的人，所表現出來的焦慮情況。有一家手機技術公司 SecurEnvoy，特別針對一千名手機用戶進行調查，結果發現，竟然大約有百分之六十的人患有無手機焦慮症。

孤單是老年常會面臨的生活狀況。美國詩人佛洛斯特（Robert Frost, 1874-1963）描述〈一個老年人的冬夜〉：「諸室空蕩，窗玻璃上薄霜如星，屋外的一切向內窺伺著他。」道盡老年的孤寂淒涼。

寂寞雖然不是病，但研究指出寂寞會增加個體在健康上的風險，例如提升發炎反應相關基因的表現量，或是降低對抗病毒相關基因的表達。年老時，常常因人際網路的中斷，讓許多老年人覺得頓時失去歸屬感，生活變得無聊乏味，感到空虛、寂寞而鬱鬱寡歡，除了造成心智快速衰退，憂鬱症也容易找上門。研究也顯示，孤單和憂鬱與老年人心智衰退有關，感到最孤單的人其心智衰退的速度，比其他人快了百分之二十。

一份研究來自八千三百多名六十五歲以上的美國人，受測者在 1998 至 2010 年之間，每兩年就接受一次評估。其中，百分之十七的人在研究開始時表示感到孤單，而在這些感到孤單的人，當中有一半的人患有憂鬱症。研究發現，相較於滿意自己社交網絡和連結的人，感到孤單的人其心智衰退的速度，比不感到孤單的人快了百分之二十。另外，研究開始時，感到憂鬱的人心智衰退的速度也較快。在這十二年當中，即使只是一或兩個憂鬱症狀，也與認知功能衰退的增加有關，特別是孤寂感。

學習積極的獨處

孤單是一種獨處的狀態，其中有自我決定和非自我決定的不同，前者是自己主動選擇的，例如為了自我沉澱、自我提升，或者享受安靜而獨處；非自我決定則是被動的、不得不的孤立狀態，例如喪親、健康不佳、交通不便、經濟困難，甚至被監禁或被放逐。自我決定的獨處中，還可分為不同的動機，如果僅僅是因為恐懼與人接觸而逃避人群，不願意與人互動，這種主動的獨處則是「孤僻」；如果是為了自我實現的需要、獨立思考和創造的需要而選擇獨處，心理學家稱之為「積極獨處」。

研究顯示，成年人的幸福感，與他們願意定期花一段時間獨處有關係，因此，獨處並不都是消極的、孤僻的，積極的獨處對我們提升生活質量，以及主觀的幸福感都有幫助。然而，這不是生活長期的模式，很多生活還是離不開與人交往，積極獨處只是為了更好地融入其他關係中，為了更好的適應生活的變化和壓力，而不僅僅單是為了獨處而獨處。

身處擁擠而疏離的人群中，我們常渴望擁有自己的生命空間，但空間卻越來越小。現代人的一個普遍的感觸是，長越大越孤單，感覺自己常常像陌生人一樣四處流離，無以取得安身立命之所。為了尋找自己，人似乎越長大也越喜歡獨處。調查顯示，美國有超過三千一百萬人，選擇獨自一個人生活。

2005年，二十九歲的英國女性艾倫 麥克阿瑟（Ellen MacArthur）打破單人帆船環球紀錄，一人、一船、一世界，自己獨處71天14小時18分又33秒，不凡成績獲英女王策封為爵士。1929年，四十一歲的美國探險家理查．柏德（Richard Byrd,1888-1957）獨自飛越南極，他說：「我想要完全體會孤獨的滋味究竟有多麼美妙。」

藏傳佛教傑尊瑪丹津．葩默（Jetsunma Tenzin Palmo,1943-）是少數西方世界的佛教出家女眾，她復興了藏傳佛教瑜伽女的傳統。三十三歲時曾在印度喜馬拉雅山區的岩洞中，獨自修行十二年，至今仍然保有健康與活力，不斷爭取佛教女性的宗教權，是目前藏傳佛教中位階最高的女性出家眾之一。

老年人由於許多客觀的原因，常常需要面對獨自一人的時光，可能形成孤單寂寞的狀態。然而，老年人若能以開放的態度，打破「獨處就是孤單無望」的負面思考，重新去認識和發現它的積極意義，有意識地去提升獨處的質量，反而能提高幸福的感受。

美國加州大學社會心理學家貝拉．德保羅（Bella DePaulo）是現實中的獨處者典範。

貝拉年過半百，她不僅獨身，還長期研究孤獨、獨處和獨身主義。貝拉並非孤僻，也不內向。在她看來，選擇孤獨與獨處從來就不是一件羞恥的事情。她喜歡社交，喜歡拜訪朋友，喜歡娛樂。但在幾十年的生活中，她一直都是一個人，並始終以自己的獨處方式而驕傲，從不會在獨處中感到寂寞。她說：「享受獨身生活，可以掩蓋內心深處的孤寂感。我們應該讓單身人士，更準確的描述自己的單身生活狀況，是什麼讓他們的生活如此有意義。」

孤獨的好處

如果孤單是人類存在的本質，孤獨就是一種生活的能力。如果能欣然接受獨處的好處，不怕時間的留白，不怕生活的無聊，人生會有好多的沉澱與驚喜，因為我們知道即使一個人，也可以過得很好。

生活中，有人相陪當然很好，但最親密的伴侶也可能不想一直膩在一起。或許，有人認為獨處是一種不得已的妥協方式，無論如何都要試著喜歡它，否則大部分的時間我們都必須對抗不要「一個人」的痛苦。然而，與其不得已的妥協，倒不如積極的學習面對。

有些事，有伴一起或許很好，但沒伴不一定不好，這是來自孤獨的學習。想要有人相陪，就去邀請，人家答應，我們開心。別人不來，也可以釋懷，轉而去享受一個人的自在。生命中，若不因無伴而傷悲，就能享有獨處的喜悅。於是，當我們獲得了一個人的空間與時間時，就不會驚慌失措。常常，一個人自由自在的時候，就會展現一種從容優雅的氣質，反而能夠吸引他人欽羨的眼光，因為他們從我們身上看到了完整獨立的個體，獲得了正面、快樂的能量。因此，獨自生活的優雅自在，就成為一幅賞心悅目的風景。

為什麼選擇獨處？因為獨處能帶來身心自由與啟迪思慮。真正的孤獨是一種積極的體驗，是享受一個人的狀態，是一種主動選擇的孤獨。在這種情境下，可以一個人靜靜地發呆，做自己想做的事情，處理自己的情緒，解決自己的問題。

在這種自由下，可以從日常的繁瑣中抽身而出，尋找內在的平和；可以放縱自己，而不用顧忌任何社交規則與禮節。最重要的是，可以完全地放鬆，給自己充電，讓身心都得到緩解，以更好的狀態重返現實生活。

對很多的人而言，獨處是讓自己的心情沉澱，得以進行更多的自我發現與探索，走出胡同，豐富並拓展自己的視野，因而產生更多創造性的思維，回頭去解決手頭上棘手的問題。每當一個人靜下來的時候，便能更好地整理情緒，進行自己覺察與反省，讓思慮更加清晰。所以，我們常會在慌亂的時候，要求一個人靜靜。

1988 年，美國著名的精神分析家安東尼．斯托爾（Anthony Storr）在著作《孤獨：自我的回歸》（Solitude: A Return to the Self）中寫道：很多人都在強調關係、強調聯結，是的，這很重要。但很多時候，人類最深刻、最基本的精神體驗，都是發生在內部，這需要藉助孤獨與獨處。

如何享受孤獨

1918 年出生的日本女性吉澤久子，在六十五歲時，當丈夫過世後想到往後將孤零零的一個人生活，真的會寂寞又難過。但既然日子會繼續過下去，就必須想辦法讓生活過得充實一點，還是要一直回憶過去而唉聲嘆氣之間做個選擇，才能去面對未來。

最後她決定不要去計算失去的東西，而是多咀嚼現有的幸福。因此，她飼養一些必須有她照顧才能生存的生物，動植物的存在不只讓她有所寄託，也能對生命有更多的體會；她栽種後院一坪大的有機蔬菜園，自給自足或送給朋友；每天寄自製的明信片給友人，分享生活點滴和表達感謝。她家裡處處都有放大鏡，桌上更擺著望遠鏡，抱持著好奇，隨時觀察後院的花朵，與任何新奇的一切。

她這樣充實的度過每一個今天，是在為明天著想。儘管年事已高，吉澤久子仍然一手包辦家務事，並持續演講的工作。另外，她還主持讀書會，且數十年不間斷。每月一次的讀書會「群會」，邀請不同領域專家來講述，有歷史、外國文化等主題，到老仍充滿求知欲，吸收新的知識和觀念。她也參加數個義工團體，還與日本各地的特產達人交流美食。所以，雖然《人生，到最後都是一個人》，她卻能找到一個人的生活方式。

由於不婚、離婚的人越來越多，形成日本所謂「全員單身時代」的來臨。2007年，日本作家上野千鶴子寫了一本書叫《一個人的老後》，熱賣百萬本，顯現很多日本人，對自己老後一個人生活的可能性，已經又相當大的覺悟。

一個人就是日本所謂的「一人樣」，指的是成熟男女享有更多的自由獨處的時間，可花用更多的錢，購買名品、享受美食；不必跟人報備，隨時可提著簡單行李出門，到處旅行。可以舒服的躺在草地曬太陽、看看書，自己一個人去看電影、喝咖啡時，也不用頻頻看錶，心裡惦記著回家的時間。

上野千鶴子，這位東京大學人文社會學教授認為，一個人的老後並不可怕、也不悲涼，同樣能過得樂觀優雅、充實而有餘裕。如果，知道一個人的老後也能快活過日，對婚姻反而不會再去汲汲營營，失婚或喪偶，也不一定要尋求第二春。

然而，享受孤獨並非毫無條件。除了要有維持基本生活的經濟能力外，還需要知道如何享受孤獨的一些生活原則和行動：

一、重視飲食和運動，保持一定程度的行動能力

健康是享受孤獨的基本條件，而飲食與運動則是健康的主要關鍵。對老年生活而言，健康不是完全無病無痛，指的是具備自行活動的基本能力。依據美國老人的健康標準，包

括 1.能走一公里路 2.能爬一層樓 3.能舉五公斤的重量 4.能彎腰、下蹲、下跪 5.保持標準體重 6.很少接受醫療照顧。因此，即使患有一些慢性疾病或某些功能退化，如果預防和處置得當，具有相當程度的能夠打點自己生活，也能維持自行行動，仍然具備孤獨生活的能力。

平日規律性的健走、游泳、騎車、園藝、太極拳，都是老年適合的運動，或是參加專門為老年設計的健身活動；飲食方面，增加高纖維的水果、蔬菜和全穀類的攝取；烹調色香味俱全的食物，增加食慾；隨時補充水分，不要等到口渴時才喝水等等，都有益於健康。

二、尋找生命的意義，發現自我存在的價值感

生命意義是一個解答人類存在的目的與意義的哲學問題。精神分析學家榮格說：「生命要是沒有意義，人沒有道理活到七、八十歲。」每當遇到生命困境的時候，「什麼是生命？」、「生命的真諦是什麼？」、「為什麼活著？」「、活著的意義是甚麼？」等等的疑惑，就常常會在腦海裡浮現。法國存在主義哲學家阿爾貝·卡繆（Albert Camus,1913-1960）說：「作為一個存在的人，人類用生命的價值和意義來說服自己，人的存在不是荒誕的。」

人生總有低潮的時刻，那時每天就像走在看不見的鋼索上晃抖。恐懼在內心嘶吼，卻總是被喧囂的世界掩蓋；覺得孤單無助，卻沒有人可以了解。但卻隱隱知道，也必須堅信，在無限蔓延的黑暗處，總會有那一道光，即便現在看不到。很多時候，只要我們找到一個微弱的理由，生命就能撐得下去。或許，「活著」就是生命中最簡單、純粹的意義，不為什麼，「活著」就是目的，甚至，是一種道德。

尋找生命意義對老年生活的重要性，遠勝過其他年齡群。「生命的黃昏，必須具備自己的意義，不可能只是作為早晨慘淡的附屬品。」對老年人而言，由於生活境遇的改變，生命也越來越接近盡頭，活著的意義與目的往往會受到嚴峻的挑戰。如果生命只剩食物和呼吸時，「我為什麼活著？」、「我如何活著？」，會是許多老人對生命的思考和質疑，尤其在疾病、孤單的時候。

研究發現，能夠找到自己生命意義的老人，比較能夠克服孤單的焦慮，生活滿意度也比較高。找到生命的方向，就找到幸福。發現生活的意義，就等於抓住生命的繩索，如果沒有找到自己存在的價值感，生命就只是行屍走肉。但是生命的意義，沒有人可以給予，只有自己不斷的摸索和體驗。有人活著是為實現自己的理想，有人活著是為奉獻、有人活著是因為子孫，也有人活著只是因為不捨。對於一些艱苦生活的人，或許，活著就是一種挑戰。

三、親近大自然，感受生生不息的力量

研究發現，人獨處的地點最多的是家，其次是大自然。大自然令人最能感受生生不息的力量，讓我們學會謙卑、尊重，感受自己的渺小，卻不會孤單。研究也顯示，每週進行三次與大自然親密接觸的散步，可以增加大腦記憶中心「海馬體」的大小，而「海馬體」是老年癡呆症最先摧毀的大腦區域。

梭羅在瓦爾登湖離群索居，享受自然與思索的樂趣。在無人的湖畔行走，看日光與月光在水波中明滅，聆聽曠野的天籟，引發人與天地之間的思考與對話。最重要的是天地無私，大自然對所有的人開放，一個人到林間散散步、去湖邊發發呆，看山、看海，都能夠享受孤獨的樂趣。

四、透過書寫與閱讀，達到自我統合並遨遊世界

如果可以自己提筆寫字，最方便的學習孤獨方法，就是寫日記或回憶錄。每天試著將生活中，有趣的、無趣的，快樂的、煩惱的，都記錄下來，或是泡壺茶，每天找個固定時間，將自己早年的經歷，通過回憶書寫下來。如果無法提筆也可以透過影音的方式，買一部照相機或攝影機，用攝影、口述的方式，將自己的生活感悟和經歷回想記錄下來。這個過程中，不但可以沉澱自己、整理自己，也可以使獨處的時光變得豐富多彩，還會留下來自己人生珍貴的作品。

閱讀最能享受孤獨，閱讀也需要進入孤獨的境界。書是老年人最忠誠的朋友，除非你背叛它，否則它永遠不會離棄你。從時間和生命經驗而言，老人也是最有質感的閱讀者，因此，書和老人是最佳的伴侶，是永久的守候者。當我們捧著讀一本書，徜徉在字裡行間，與文本對話，與書中人物對話，與作者對話，這時我們需要一個人的清幽，因此閱讀要求某種程度的孤獨感。這時，閱讀就能讓我們用一顆純淨的心，誠實的面對自己，在文字的世界自由遨翔，不會感覺形單影隻。所以，老年閱讀，因為我們孤獨。

五、一個人的旅行，找回自己、豐富自己

旅行就像是一種異地的反思，一個人的旅行，讓我們在最自然的情境下，去正視自己、把握自己。一個人的旅行，就是自我與世界的邂逅，就像是生活中自導自演的作品發表，不需要在意別人的眼光，讓自己真實的呈現。我們決定自己如何理解自己、認同自己，可以在面對人生轉捩點時，做為重新塑造自己價值觀，與生活方式的最好實驗。

只要體力可以，老年最適合當背包客。老年自己的旅行，一個人為自己決定主題、設計路線，時間自己界定，行程自己界定，意義自己界定。找個時間，一個人、一個背包，拋開旅行社的既定行程，不要害怕錯過這個名勝，不用擔心火車誤點。讓自己自由、獨立、開放的觀看這個世界，也讓自己的生命更加美好。

六、參與藝術活動，培養想像和創造的生命能力

孤獨是創造力最高的時候，很多的想像和發明都是在獨處的環境下完成的，因為這時候可以不受外界干擾，全心全意的思考、尋找靈感，全心全意的投入。老年時光，不太會有人來打擾我們，可以利用獨處時間，參與藝術活動，尋找生命中的創造元素，例如看畫、

畫畫，欣賞音樂、學習樂器，在無限的藝術想像和創造的世界中，豐富自己的生命。研究顯示，參與藝術，不但可以充實自己，甚至可以預防心臟或心血管疾病，延長生命。

近年來，歐美國家極力倡導「創造性老化」（Creative ageing）的概念和行動，透過藝術活動創造老年的美好世界。活動包括視覺藝術、音樂、歌唱、戲劇、舞蹈、雜耍、喜劇、創造敘事書寫、說故事、電影、數位媒體、環境設計等等，將老人帶入一個充滿想像和創造的世界，讓老人走出孤單，享受孤獨世界的寧靜、投注與幸福。

七、繼續學習，不斷體驗成長的喜悅

學習永遠不嫌老，身體的衰老並不意味著學習能力的喪失，活到老學到老是一種生命的智慧。繼續學習不但可獲得新知識、技能，保持思考的敏銳，也是結交同好的機會。尤其，當學習不是被迫而是興趣的選擇時，學習起來特別快樂，也特別有勁。

日本有許多熟年的藝人、學者或退休上班族，流行「短期留學」，讓她們的老年過得多采多姿。例如，愛川欽也的妻子內海宮土里，它本身是女優、作家，六十三歲時，因愛上韓劇，想進一步瞭解韓國文化，所以到韓國慶熙大學的語言學校，留學三個月，還請家教老師來家裡上課。還有，柄本明的妻子角替和枝，是名舞台劇、電視劇演員。在滿六十歲時，她給自己一份禮物，去紐約住一個月，每天四處去看戲，努力與人溝通。她認為這是生命的洗滌，不但消除了日常的生活鬱悶，更有重新活過的感覺。

晚年是自我實現的時機，擁有更多的時間可以去學習新的事物，完成年輕時候的夢想。研究顯示，老年繼續學習不但有益於健康，也有助於生活滿意度和幸福感的提升。

八、培養專業的嗜好，讓心神可以投注其中

根據日本趨勢專家大前研一的研究，老年時光至少需要二十種不同的嗜好，日子才會好過。這二十種嗜好，十種室內、十種戶外，室內有五種獨享、五種與朋友一起共樂，室外也分五種自己做、五種與眾樂樂。如此，既有個人自由，又不離群索居。他認為每天打高爾夫球會膩，整天釣魚也會煩，所以要培養多種嗜好。

這是個好建議，不過培養嗜好的重點不在多而在精，如果只是消磨時間，五十種嗜好

也不夠用，因為這種殺時間式的嗜好，不會讓我們專心投注，也不會有成就感，甚至不會獲得真正的樂趣。因此，與其重量不如重質，培養一兩種專業或半專業的嗜好，投注其中，就能夠讓我們享受孤獨的樂趣，讓生命有成就感。

九、種田種菜，享受田園之樂

孤獨不是每天過著「搖椅式」的日子，更不是奄奄一息的生活，而是生生不息的生活勞動。種田、種菜的「田園生活」，不但能讓我們體驗陶淵明「結廬在人境，而無車馬喧」「采菊東籬下，悠然見南山」的生活和心境，透過我們的努力付出，而獲得期望中的回報或分享，總能產生生活的動力。

種棵樹，看它開花，看它結果；種盆花，看它花開、花謝。看四季的更迭，觀諸生命的自然現象。即使，利用窗台、屋頂，栽植一些植物、蔬果，都可以增加生活浪漫情趣。因此，「回歸田園」是許多老年生活的浪漫想像，半畝田、一庭園，種花、種菜，一鋤、一汗，用勞動和收成去享受田園之樂。

孤老世界的面對

「孤老」是近年來社會關注的議題，指的是沒子、也沒伴的老年生活狀態。依據美國鮑林格林州立大學（Bowling Green State University）老年學家2012年的研究調查，嬰兒潮世代約有三分之一的人維持在單身狀態，其中大部分是未婚或離婚，只有少數是鰥寡人士。她/他們沒有老伴，也沒有孩子，長年過著獨居的日子。調查也發現，在美國，有將近四分之一的六十五歲以上長者，處於環境或社會孤立狀態。她/他們不但會面臨生活的難題，也容易造成認知退化、冠狀動脈性心臟病，甚至死亡。

英國的調查，有百分之十七的老人每周與家人見面不到一次，超過一半的七十五歲以上的老人獨居，有百分之四十的老人說，電視是他們唯一的伴侶。日本高齡化的社會更有許多隱憂，2015年統計，有四分之一的人口在六十五歲以上，獨居老人多達六百萬名。多數獨居老人在家中發生意外時，因為自尊心作祟不願向社區求助，或是心臟病發作無法及時向外界求救，導致死亡的案例越來越多，當地稱為「孤獨死」（Kodokushi, lonely death），平均每年大約有四萬起生命，在孤單中消逝。

這些亡者有著某些共同特徵：高齡、單身居住、多為男性、親戚住在較遠的地區、退休或失業、無業人員、患有慢性疾病、住在廉價公寓等等。這些共同特徵符合弱勢族群的定義，即在社會、政治、經濟地位上，處於劣勢或受到壓榨的團體，或者較少擁有控制或主宰社會的權力，這些弱勢族群通常也是社會排除的對象。

根據2013年老人狀況調查，台灣五十五到六十五歲老人獨居人口狀況，從民國2005年統計的4.86%，到2013年調查上升至5.6%；而六十五歲以上老人，2013年調查發現，獨居人口較2009年統計的9.2%，上升至11.1%。2014年底，獨居老人佔台灣六十五歲以上人口比例，雖然從2.2%下降至1.7%，但由於老年人口每年不斷增加，獨居老人的實際數目並沒有減少太多，近幾年來一直維持在四萬八千人左右。

2016年內政部的統計，台灣五十歲以上男性的有偶率是76.3％，女性是60.2％。換言之，台灣五十歲以上中，有二成四男性、四成女性是單身狀態。戶政司統計，五十歲以上男性中，有5.95％喪偶、10.94％離婚；女性則高達23.59％喪偶、10.16％離婚。十年前，五十歲以上男性離婚率僅6.62％，女性僅5.79％，幾乎翻倍成長。

因此，老了，很多人都有面臨孤單，成為孤老的可能性。不婚、喪偶、離婚、子女分家或不孝，是台灣獨居老人形成的四大原因。目前四十歲上下、1970年前後出生的人不婚、不育，創下全世界最低生育率，這個世代未來將會面臨孤單老去的人生。根據推估，未來全台灣有四分之一的人都是一個人生活，沒有家庭、孑然一身；就算結婚有子女，也可能是「假性子女」，無力或無意願住在一起，配偶去世後，也是孤單一個人生活。即使，你有配偶，有孩子，也不一定就不會成為孤老。因為，或許你活得比另一半或孩子更久。此時，就能理解為什麼很多老人，會二十四小時打開電視機的原因。

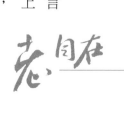

幾年後，這些「孤老」必須面臨一個嚴峻的問題：以後，誰來照顧他們？所以，都需有獨力生活的準備。除了尋求專業的照顧與政府的救助外，一個人，沒老伴、沒孩子，也沒有照顧者，晚年如何生活？

一、及早準備

無論健康、經濟狀況如何，老年生活的準備永遠不嫌早。當有意識到自己晚年會是一個人時，有關財務規劃、生活起居、健康維護、醫療照顧、人際關係、社會參與，甚至情感的歸屬、心理的安頓，均需及早準備。甚至，預先立好遺囑。最慢在邁入五十以後，就要開始規畫，不要到六十以後，才發現措手不及。

二、結交新朋，維繫老友

保持社會聯結有益於健康。研究顯示，無論健康行為或社會地位為何，最寂寞的老人在六年內之死亡率，是最不寂寞的老人的兩倍。參與越多社會活動，擁有更多朋友，做更多的事，可以讓身心都保持在積極的狀態，不但可以消除某些程度的寂寞，也是對付心血管疾病的最佳妙方。當發現老友逐漸凋零，自己友誼圈越來越小的時候，有意的結交年輕輩的新朋友，不但讓自己重新充電，也可以從不同的角度來看自己的生活。

三、每天至少跟一個人面對面的接觸

人和人之間面對面的接觸，有助於讓自己保持正向的生活態度，免於憂鬱。不管生活狀況如何，花些時間，每天至少跟一個人接觸，不要「囚居式」的讓自己日復一日的孤單。社會互動的珍貴，在於人和人之間的溫度。因此，不能只用電話、電子郵件、網路互動的方式，取代面對面的接觸。所謂遠親不如近鄰，每天與鄰居打個招呼，或定期聚會，都可讓自己免於孤單。

四、指定代理人或緊急聯絡人

想想誰是你最信任的朋友或親戚，事先指定某個人，當有危機時，做為你的代理人或緊急聯絡人，並且請他定期的來看你。這個人必須知道你的財產、保險、醫療狀況，以及其他當他想幫助你的時候，需要掌握的資料。而且，一定要在自己失去認知能力前，指定醫療處置的代理人。如果找不到可信任的親友，就必須找到具有專業證照的人士，如律師。

五、選擇老人宜居的地方

獨居不能將自己閉鎖在家，更需要出外活動，況且老年更需要醫療資源，因此，儘可能遷居到交通方便的社區，住在一個適合走路的地方、挑一個購物方便、醫療便利、善待老人的城市，對獨居老人是很重要的選擇。甚至，有些人會移居到物價低廉、陽光充足、空氣良好的國外地區，享受高品質的老年生活，例如巴拿馬、厄瓜多爾、馬爾他、馬來西亞、泰國等等，但必需克服當地語言、文化的障礙。

六、參與宗教活動

宗教信仰不只涉及生命意義的終極關懷，也是人際交往、心理支持的媒介。有宗教信仰的人，心靈有所歸屬，情緒比較平和安定。老年人參與宗教活動，更可從中獲得生理機能的維持、心理知覺的調適、社會接觸的契機與心靈感知的體驗，繼而能夠重新架構出生命的意義，感知其神聖感與價值感，使得老年族群在晚年生活中，得以獲致平靜而富有意義的生活品質。研究也顯示，定期上教堂、常常參與宗教活動的老人，比起那些不常參與者的死亡率低，幸福感也比較高。

七、養育寵物

寵物是人際間的潤滑劑，會促進友誼的建立與增長，寵物的主人，會保持一定程度的社會接觸，比較少遭受寂寞的侵蝕，也比較少罹患憂鬱症。英國聖安德魯斯大學（The University of St Andrews）的研究結果發現，六十五歲以上養狗的老人的行為表現，會比實際年齡年輕十歲。因為養狗會增加老人的生理活動程度，平均來說，有養狗的老人會比沒養狗的老人，活動量增加百分之十二。

研究也証實，一個人和寵物產生互動時，例如：在對寵物說話和輕輕撫摸的時候，血壓會顯著的降低，有助於鬆弛。養育寵物可以帶給老人生活的動機、運動的刺激、打破冷漠、帶來歡笑，及做為和人際溝通的催化劑，對老人的自我概念、生活滿意度、精神穩定、社交能力、個人整潔、社會心理功能、情緒等，都有一定程度的改變。但是，養寵物可能有過敏現象、人畜共同疾病、公共衛生等問題，都必須事前考量。尤其，寵物的去世，主人往往會表現出無助、悲傷、孤單的心理狀態。如果不能尊重生命，接納寵物的死亡，反而會陷入憂鬱。

八、參加共餐活動

飲食是一種社會促進活動，分享食物或與人共餐，都可增進人際關係。共餐活動讓老人家每天固定時間與他人聚會，產生團體歸屬感、獲得生活的樂趣，對身心都有幫助。透過溫馨共餐方式，不但可以解決自己烹煮的困難，減輕生活支出的壓力，透過一起用餐、一起聊天，也可以達成彼此關懷的效果。

九、參與志工

老年時運用自己的專業和興趣，定期的參與志工活動，回饋社區、服務社會，不但可以強化社會連結，也能在幫助他人的過程中，豐富自己生命。許多高齡者都透過擔任志工，參與環保、醫療、急難救助、教育輔導等等的工作或活動，發揮專業才能及生命經驗，積極參與並貢獻社會，不但走出孤單，也能提升自我存在的價值感，發現生命的意義。

十、參與支持性的團體

支持團體是一群具有相同處境，而可對相關資訊進行討論，並接受情感上的相互支持，共同面對問題與挑戰。這些個別的支持團體可因組成結構、經驗和主題的不同來區分，例如：喪偶團體、病友俱樂部等等。支持團體以許多不同方式來互相幫助，可以滿足情感的需要、幫助減輕負作用，因而減低焦慮無助的不安感。

第六篇

free and easy

工作

改變工作的意義，就改變老年的生命。

日本人的「一生懸命」

漫步在東京街頭，很容易發現許多出租汽車司機、工地看管、交通保安、高速公路收費員、物業管理員、清潔工人都是老年人。幾年前去京都旅遊，接送我們的司機是一位七十二歲的老人家，他一路上用微笑來化解語言的障礙，上下車的時候，還不忘用半生不熟的中文提醒我們要小心。

老年還在工作，已經是日本社會的普遍現象。統計顯示，日本每一百名就業人口中，就有超過十名是六十五歲以上的員工，並且，高齡工作者的數量還繼續在增加。日本總務省的統計顯示，2016 年 9 月，全國六十五歲以上的老年人約為 3461 萬人，其中 730 萬人仍在工作。

老人所從事的工作不只限於服務業，不少人站在製造業的第一線。德島市主要生產電子產品的山菱電機公司，有一百多名員工，其中十六人是六十五歲以上的老人，年齡最大的已經有七十三歲。

日本愛知縣是日本工業製造的心臟地帶，是有名的汽車城。其中西島株式會社，公司裡一百四十名員工中，有超過三十名的年齡大於六十歲，最高齡者為八十二歲。經理西島說：讓這些經驗豐富的員工們，這麼早退休是種浪費，如果他們想工作，就應該讓他們繼續。

根據日本政府調查，有超過三分之二的六十五歲以上的老人表示，他們仍想繼續保有支薪工作。如今，這些工作經驗豐富的年長者，已成為日本的新生產力。經濟合作發展組織（OECD）指出，現在日本的實際退休年齡已經接近七十歲。高齡夫妻都出外工作的家庭，十二年來增加了二點八倍。老人就業者當中，有超過七成的人都選擇當非正式職員，也就是派遣臨時工或時薪工，多數的理由是，希望能沒有壓力的，在自己方便、空閒時去工作。

像六十五歲的川口女士，每週會在三重縣津市，一家名叫いこいの森（Ikoi no Mori）護理中心，工作三至四天，從上午六點到九點。她的工作很簡單，像擦桌子，還有更換床單等等。曾擔任老人看護的川口女士，因為身體狀況無法負擔全職護理，因而申請部份時間工作。川口女士說：我想幫助這些護理中心的居民，生活得更舒服些。至少，當我覺得被需要時，會感到好快樂。

七十一歲的日澤女士，則在東京的東久留米市一家日托中心，擔任實習助理，工作內容主要是陪伴中心老人購物、準備餐點，還有在機構內的菜園採集蔬菜。雖然，實習期間的時薪只有七百日圓，但是她說：他們和我年紀相仿，又來自當地，我很享受在這工作，可以跟他們說說話。

依據日本總務省統計，六十歲以上的老人，掌握着日本百分之六十的金融資產和百分之五十五的實物資產，資產總額超過一千萬億日元（約十萬億美元）。有人疑惑，為什麼很多人卻寧願退而不休，他們依然堅守在超市收銀員、計程車司機、便利店服務員、機場引導員等各種崗位上。

在日本，老人繼續工作，主要是文化的特性，以及社會、經濟情勢的需求。

「仕事の鬼」的工作文化

工作是衡量日本人生命價值的重要指標。日本文化強調，每一個人一生必須拼命工作，不少日本人都有工作到死的意願。日本人用「仕事の鬼」（工作狂）一詞賦予他們最高的生命讚賞。在日語中，「鬼」（oni）是一種妖怪，是邪惡和超強能力的象徵。對待像鬼一樣的工作狂，就像看待擁有超能量的超人一樣。

「一生懸命」（いっしょけんめい）一詞，非常貼切地描繪日本人的工作精神，意思是「用盡全力，拼了老命」。日本古語中，所謂「一生」寫作「一所」，原意指的是一塊領地。「一所懸命」說的就是鎌倉時代武士，不惜生命來保衛祖傳的領地。當時代變遷、武士道沒落後，雖然已經沒有需要保護的領土，「一所懸命」還是常常被使用，強調的是日本人「必死」「拼命」的性格和毅力。

2013年9月，七十二歲的日本動畫大師宮崎駿宣布退休，聲稱想「自由的生活」。但是，很多「宮崎駿迷」並不會傷心失望，因為，事實上，宮崎駿曾經發表過至少六次的「引退宣言」。在《天空之城》、《紅豬》、《幽靈公主》、《千與千尋的神隱》、《哈爾的移動城堡》、《懸崖上的金魚姬》製作後，都說過他要引退了。有位網友開心地吐槽：「要大師退休，可能跟我想戒菸一樣難。」果不其然，2016年，七十五歲的宮崎駿又復出了，「吉卜力工作室」確認，他的動畫長片新作已經啟動了。

集體主義的核心精神

西方評論家曾這樣形容：日本人就像一群生活在一個池子的魚，秩序井然地游動；如果拋下一顆石子，擾亂了這個佇列，他們就會往相反的方向游去。然而，無論怎麼變化，都始終保持井然、有序。

這種集體主義、守秩序的精神，讓日本人即使在遭受高達芮氏九點零的大地震，也沒有顯現出一般國家災難後，常見的喧鬧及恐慌。2011年3月11日下午，發生超級大地震後，東京各大樓即刻開放空間，供應茶水毛毯，讓民眾入內避難，便利商店免費提供飲食，商家主動在門口擺上熱湯。夜幕降臨，溫度驟降，有些災區更下起雪來。沒有了大眾運輸，許多東京上班族，嘗試在寒夜徒步回家，六本木到新宿一小時，到橫濱大約八小時。全城塞車，車燈閃亮如聖誕燈飾，不聞一聲喇叭。兩旁夾道魚貫人群，井然有序，不推不擠，好像剛從武道場散場回家的演唱會觀眾。

與西方社會追求個人的獨特性不同，日本社會認同一條不成文的潛規則：追求一致。在這個社會，誰也不希望成為與眾不同的「怪人」。所以，日本人對制服瘋狂著迷，上班族有上班制服、學生分年級有一套統一的制服、統一的書包，就連朋友一起出遊，都會穿著同顏色、同款式的衣服。

美國人類學家潘妮迪克（Ruth Benedict,1887-1948）在《菊花與劍》（The Chrysanthemum and the Sword）一書中，描繪了日本人的形象：一些出身於等級社會的人們，基於「恩」的思維方式，承擔「義務」、完成「情義」、維護「名分」，極具有「集體主義」傾向，而「恥」作為一種外部規範，潛藏在日本人的道德體系之中。他們以「恥」來排除少數派，以「恥」來維護核心利益等等。

在日本人眼裡，成功與失敗都是集體的事，每一個人不論其工作表現如何，都必須與整個集體同甘共苦。在這種背景下，失去工作的日本人，近乎如離開水塘的魚或偏離風向的雁。老年繼續工作，就是用身體去實踐、感受「一生懸命」的日本文化。

孤獨死的集體焦慮

2010年1月31日，日本NHK播出了紀錄片《無緣社會——三萬二千人「無緣死」的震撼》。以現代人的孤獨老死做為採訪的主題，探索孤單死亡的人生軌跡。「無緣死」是指人生前失去了血緣、業緣、地緣，死後屍體無人認領的生命淒涼。報導指出，死後沒被人發現，反被蟲當成食物吃掉的孤獨死者案例，在這十年之間增加了約三倍。

沒有人希望孤單一生，在日本，確認與別人有沒有關聯，就是在確認自己是否存在。老年繼續工作有助於維繫人與人之間的關係，站在工作崗位上，不僅代表與社會產生連結，也是建立穩定家庭關係的基礎。越來越多的日本人擔心老無所依，退而不休、存錢養老成為老人們不得已的選擇。

最近一兩年，日本的老年人們都想通了。與其盼望著孩子回家緩解孤單寂寥，還不如自己生活過得充實精彩一點。於是，日本老年社會出現了一種新型生活方式：吃大鍋飯，一起工作、一起生活。

日本官方對五十五歲以上職工的調查結果顯示，隨著經濟形勢以及社會觀念的變遷，老人的工作意願產生了變化：高達百分之五十八的人表示，希望在六十五歲以後繼續工作。其中百分之七十三的受訪者表示工作動機是因為「經濟因素」，即為了確保生活水準不會降低；另有百分之二十二的人則表示是為了實現人生價值、與時俱進的融入社會。

養老金不足以養老

日本大多數大中型企業職工，原則上在六十歲退休，但根據本人意願，可以回聘到六十五歲。不過，回聘薪水幾乎減少一半。由於日本的養老金原則上從六十五歲開始領取，如果想從六十歲就開始領，就需要提前支取。因此，大多數職工退休後，還是選擇了再就業方式，來賺取生活費用，直至六十五歲開始領取退休金。

況且，近年來，由於日本經濟持續低迷，養老金多年來幾乎沒有增長，很多退休老人的生活品質受到明顯影響。據日本厚生勞動省統計，普通日本中產階級家庭，夫婦兩人每月領取的養老金為二十一點八萬到二十三萬日元（約合 1809 到 1909 美元）。按照日本的物價水平，僅憑這些養老金，很難維持夫婦兩人舒適而體面的生活。

但由於大多數老人不願意做全職工作，因此他們每週大都只工作三到四天。六十八歲的力三高野，退休前在工廠幹活，領有園林工程師的資歷證書，他經由「高齡人才」（Koreisha）公司，找到了一份兼職園丁，每週兩天到東京市中心一座樓頂花園工作，賺取零用金。雖然，打工所得工資並不高，每小時的平均工資只有八百日元到一千日元，和學生在餐館打工的收入差不多。但是，工資低並未影響老人們的工作熱情。這筆零用錢，他們可以用來給孫子孫女買禮物。

2016 年，日本博報堂生活綜合研究所針對六十至七十四歲人群進行了一項調查，主題為「三十年來的變化」。調查結果顯示，比起「幸福」，日本老人更渴望獲得「金錢」帶來的安全感。

這項調查自1986年起，以相同的方式每十年實施一次。在1986年的調查中，渴望「金錢」的老年人，比渴望幸福的老年人少三個百分點。1996年，兩者出現逆轉，之後差距進一步擴大。四十年後，選擇「金錢」的老年人達百分之四十點六，而選擇「幸福」的老人只有百分之十五點七。顯現如今渴望金錢的老人，已經遠遠超過了渴望幸福的老年人了。

補足勞動力的缺口

本世紀以來，日本人口出生率持續下降，勞動人口正以每年五十萬的規模減少。預計到2025年，日本勞動人口將跌破六千萬。勞動力減少將嚴重影響日本經濟發展，為此，安倍政府提出「一億總活躍社會」計畫，希望讓女性和老年人更加活躍的參與社會。日本政府制定相關法規，規定企業在2025年之前，必須把職業雇傭年齡延期到須把職歲。

2016年，退休年齡以上的人口，占日本全國人口百分之二六點九，預計到2040年，比例將達到百分之三六點一。厚生勞動省認為，延長退休年齡，增加高齡者就業，特別是增加雙職工高齡家庭就業，不僅是為了彌補勞動力不足，還可以增加老人家庭收入，增加消費支出，有利於整體經濟復甦。分析顯示，老人比年輕人更願意消費，六十歲以上的就業老人，會將工資的百分之九十用於消費。《日本經濟新聞》指出，老人就業人數增加，有助於提高日本國內的消費，以及老人年金制度的穩定。

日本老年醫學會宣稱，由於醫學的發展，相較於十到二十年前，近年來六十五歲年長者的身體機能退化，出現了五至十年的延緩，甚至如同返老還童。尤其六十五到七十四歲的前期高齡者，身心都保持健康，多數仍積極參與社會或社交活動。因此，老年醫學會建議，將「老人」重新定義：六十五到七十四歲者為準高齡者，七十五到八十九歲為高齡者，而九十歲以上則為超高齡者。日本「選擇未來委員會」也創了個新名詞：「新生產年齡人口」，重新定義二十歲以上、七十歲以下為勞動力人口，建議採取逐步退休制，鼓勵兼職工作到七十歲。

過去日本老人就業多半是個人經營的公司、商店或務農，現在老人就業擴大到流通、醫療照顧、製造業、餐飲住宿和建築業等人手短缺的行業。不少日本企業視經驗豐富的老人成為重要的人力來源，一些物流、護理等行業，招募年輕員工越來越困難，只好求助於老人。

六十六歲的東京大學高齡社會總合研究機構特任教授秋山弘子認為，退休年齡這個觀念可以廢止了。她說：「未來，平均年齡可以活到九十歲，六十到六十五歲退休只能算中年，何不擁有第二人生。」

秋山弘子發現，多數老人有意願承擔部份工時的工作。譬如：被大商社派駐海外二十多年的八木先生，東大特別跟他合作，請他設計課後托兒的英文課綱，教小朋友如何在國外生活、用英文做生意。許多高齡者對農業很有興趣，於是東大與建商合作，將空置的房子改成溫室，設計六層架的植栽方式，讓老年人不需彎腰、蹲下，甚至坐輪椅也可方便地栽植、澆水和採收。

在距離東京四十分鐘車程的千葉縣柏市豐四季台地區，東大與當地政府合作推動「高齡者就業」先導計劃，研發適合高齡者的職業與環境。東大、柏市市公所與都市再生機構合組的專屬辦公室 Office Seven，一年就舉辦了七場高齡者就業媒合會。吸引八百多位六十歲以上居民應徵，成功媒合一百五十六位老人，到柏市近郊農場、課後托兒班、長照養老院與植物工廠上班，最高齡者為八十歲。

老年繼續工作是世界的趨勢

在傳統的社會，大多數的人認為，六十或六十五歲從工作崗位上退休，人生就算告一段落。老年的日子，就是泡茶聊天、訪友探親、遊山玩水，閒散地過著「搖椅式」的生活，偶而打打牌、逗逗孫子，打發無聊的時光。

然而，高齡化社會中，老年繼續工作已成為一種趨勢。在美國，越來越多六十五歲以上老人渴望繼續工作，同時，越來越多企業和工廠，也願意為老人提供工作機會，認為他們為人可靠、經驗豐富。

美國著名老年專家，《老人潮》(Age Wave)、《老人的力量》(Age Power)和《健康的老年》(Healthy Aging)等暢銷書的作者肯·迪切沃（Ken Dychtwald）做過一項調查，大約百分之九十五的受調查者，都估計自己在退休之後還會繼續工作；大約半數受調查者都表示，即便賺不到什麼錢，自己也不會放棄工作。許多美國人不再願意將近二、三十年的退休時間，只是一個超長的假期，無聊度日。專家預言老年潮將帶來一場美國社會革命，因為這場變革，人們對於工作、生活、退休等觀念，將悄然發生變化。

現代人比過去活得更長、更健康，人們意識到六十或六十五歲時，並不意味著就進入生命最後的階段，很多人還有十到三十年的時間要活。據統計，美國平均退休者每週看電視四十三個小時。許多人認為這種打發時間的方式，並不能滿足他們的精神需求。於是，有許多老人出於種種考慮想繼續工作。

例如，每天清晨六點，年近百歲的羅莎・芬格曼 **(Rosa Finnegan)** 就到波士頓郊區的 **Vita needle** 公司上班，製作和包裝不銹鋼產品。儘管年事已高，她依然和其他人一樣，每週上足了三十七小時的班。在進入 **Vita Needle** 公司工作之前，羅莎的大半輩子是當一名服務員。八十六歲的時候，才開始這份工作。因為，她厭倦那種老之將至，坐著等死的感覺。沒有工作，對於她就等於無事可做，羅莎害怕自己因此變得衰老、遲鈍，手腳越來越僵化。

在這裏，她努力趕上任何一個人，表示自己完全能夠勝任這份工作。恰如當初她來應聘時，老闆對她的要求一樣，只要她能夠爬上公司的樓梯，就可以得到這份工作一樣，她的確做到了，雖然經歷了一些困難。芬格曼過百歲生日那天，Vita needle 公司的首席執行長弗雷德·哈特曼（Fred Hartman），還特意在午休時間給她送來蛋糕，表達祝賀。

另一個同事，八十三歲的比爾·菲松（Bill Ferson），進入公司的理由是害怕孤單，於是渴望一份能夠忙忙碌碌的工作。他六十九歲退休，剛退休時，總是沮喪度日。因為他老婆不太習慣另外有一個人，每天八小時閒閒的呆在家裏。後來，他發現報紙上一家名叫 Vita Needle 的公司招募老年工人，於是決定去工作幾個月試試。到現在，他已經在這家公司工作了十四年了。

在許多企業把產品製造，外包給海外公司以降低勞動力成本之際，Vita needle 得以倖存的部分原因，正是它樂意僱用老年工人。公司裡共有員工四十八名，其中半數年齡在七十三歲以上。這些老年員工對薪水要求不高，不會跳槽、工作自覺，且製作的產品質量更加可靠。這家家族經營的管材企業老闆認為，這群老雇員努力可靠、注重品質，不僅有經驗而且樂於工作。如今，這家公司不僅產品提高了市場佔有率，還連年賺錢。

美國勞工部推算，到 2020 年時，全美將有百分之七點四的勞動人口，是超過六十五歲的老年人。根據調查，過去十年內，大約一千萬人加入「銀髮」就業群，五十五歲以上求職者，瓜分美國百分之七十新增就業機會。美國退休人員協會的調查數據顯示，超過六十五歲仍在工作的美國老人中，有十萬多名農民和牧場工人，大約十萬名巴士和出租車司機，二點五萬名音樂人士，以及超過掰萬名企業主管，包括股神巴菲特（**Warren Edward Buffett, 1930-**）。

雖然，一些老年人在專業領域享有「高齡也高薪」的優勢，如律師。但更多老年人謀得的是低薪工作，如銷售店員和大樓管理員。當然，不是所有行業都樂於接受老年求職者，但越來越多企業開始青睞並珍惜老員工的存在。例如：**BMW** 也在德國工廠實驗性地僱用老人，結果發現老人缺席率低、生產力高。這也是一些僱主繼續需要他們的部分原因。因為老工人不僅經驗豐富，而且責任心強。更重要的是，老人不需要公司負擔健康支出的費用，這樣可以替公司節省一大筆經濟開支。

美國勞工部的資料顯示，五十五歲以上的老年退休工人的數量，從2000年的一千八百萬，會增加到2025年的三千三百萬，將產生人力缺口，因此，延後退休有其必要。美國斯克里普斯研究所（The Scripps Research Institute）是世界著名的綜合性醫學研究及教育機構，這家美國最大的私立非營利性研究機構，在加州擁有多家醫院和診所，員工人數超過一點四萬，而六十五歲按時退休的人員比例，只有全美水準的一半。

六十七歲的老護士芭芭拉（Barbara Hazelle）是延期退休的員工之一，她當護士四十三年，醫護經驗豐富，熱愛自己的職業，目前仍在外科工作。研究所人力資源部門副主管維克．布羅切洛（Vick Brochelo）說：我們需要老員工留下來。因為，年齡越大的員工，醫護知識越完整。

活到七十五歲，照理說應該可以放下工作，安養天年。不過南韓銀髮族卻迫於經濟壓力，七十五歲以上老人的工作比例，在經濟合作暨發展組織（OECD）中排名第一，老年人的貧困比率也在OECD國家居冠。

OECD 報告指出，南韓七十五歲以上長者的就業率為百分之十九點二，比 OECD 平均值高出四倍。南韓人活到老做到老，主因退休金準備不足。檀國大學（Dankook University）教授 Shim Ji-hong 表示，南韓長者在四十到五十歲時，貸款支付兒女學費和婚姻大事，因此上了年紀仍需工作，才能還清借款。

另一個理由是南韓退休金保障薄弱，「現代研究所」（Hyundai Research Institute）研究員李準協（Lee Jun-hyup）指出，在大多數的工業國家，六十五歲人口能靠退休金過活，不過南韓退休金不夠讓老人餬口。南韓國家統計局（Statistics Korea）數據顯示，2016 年六十歲以上的兼職工達一百三十三萬人，人數年增百分之十二點三，其中將近九成都只能從事低薪的簡單工作，如警衛、清潔工、快遞等，還有人在街頭拾荒補貼家用。

南韓「朝鮮日報」報導，這是因為福利體系不健全，很多人為養兒育女和贍養父母，而未做足養老準備等，導致「不能休息的退休者」越來越多。一項調查結果顯示，南韓民眾即便退休後，也要多幹十一年活，工作到七十歲才能維持生活，直到七十一歲才能真正退休下來。

經濟合作暨發展組織（OECD）指出，2012年南韓男性實際退休年齡是71.1歲，僅次於墨西哥（72.3歲），在OECD成員國中排名第二，女性實際退休年齡為69.8歲，僅次於智利（70.4歲），也在全球名列第二。

新加坡也面臨同樣的狀況。新加坡的法定退休年齡是六十二歲，根據新加坡人力部的數據顯示，幾乎所有滿六十二歲的員工，都獲得了重新僱傭。六十二歲至六十九歲的年齡層，有四成依然在工作。澳洲政府也意識到雇主需求和老年員工的價值，於近期啟動獎勵政策，給予五十歲以上新僱員工每人一千美元獎金。

歐洲素有主張員工早退休，不鼓勵六十五歲以上老人工作的傳統，但近年來也發生改變。不少歐洲國家，尤其是德國，開始延長退休年齡，以解決財政壓力等問題。在德國，高齡從業人員並不鮮見，其中大部分為退休後重新走上工作崗位。根據德國聯邦統計局2015年8月公布的退休老人生活現狀報告，需要領取救濟金度日的退休老人是十年前的兩倍。《法蘭克福匯報》刊文指出，刺激德國老年人不願離開工作崗位的首要原因，是低息破壞了原先的養老計劃，德國老年人光領國家退休金已經難以為繼，只能找機會繼續工作。

其實，沒那麼多人喜歡「工作」

的確，在少子、高齡化的社會，老年繼續工作是未來的趨勢。不管是經濟合作暨發展組織、歐洲聯盟（European Union），或國際勞工組織（International Labour Organization）都呼籲延緩退休年齡、提高老年的勞動參與率，以舒解政府養老金支出的財政壓力、補足勞動力的缺口。根據經濟合作暨發展組織的統計，世界各國實際退休年齡都高於法定的退休年齡，尤其韓國、日本差距最大。

由於退休金的縮減，老人不足以養老，或為了維持一定的生活品質，許多老年人也必須重返職場工作。然而，其實沒那麼多人喜歡工作。年老了繼續工作，很多時候是因為經濟壓力，不得不然的選擇。因為，「工作」（job）不只是「幹活」（work），也不等於「勞動」（labour）。

在法文字源義中，「工作」（travail）意即一種折磨。古埃及時代，工作是奴隸的事。貴族階級把工作賺錢，當作是一種恥辱，他們藐視工作，工作是既不高尚，也不光彩的行為。貴族是屬於自由人（Liberal），不想因工作而失去自由。古希臘人認為，人生的意義在於能夠思考、創造或設計，除此以外皆屬奴隸工作。

回顧人類的文明史，人類跟工作的關係歷經幾次變迭。若將人類文明回到16500年前，舊石器時代終期（Epipalaeolithic），哈佛大學史前考古學家歐弗·巴爾·約瑟夫（Ofer Bar-Yosef）教授稱之為「納吐斐文化」（Natufian Culture）時期，一些住在現今以色列附近的納吐斐人，或許是世界第一批農夫，他們開始從事食物的生產。

更早的時候，人類靠採集、狩獵維生，有甚麼吃甚麼。到了一萬多年前，中東地區的人們，逐漸由廣泛的搜食，轉為依賴較少種類、馴化的食物來源，開始食用自己所種植或馴養的動植物。這時，為了生存就必須要「幹活」。

依據考古學家的發現，納吐斐人居住的阿布胡賴拉丘（Abu Hureyra）地區，就已經有研磨穀物的石器，和其他野生植物的遺骸，其中也包括了五萬塊瞪羚的骨頭。證明納吐斐人已經會把採集，或狩獵的食材轉變成更可食用的東西。後來，考古學家又在納吐斐人住的穴洞裡，發現石頭、石灰石膏覆蓋的長椅，以及爐灶，甚至燒石灰石的窯爐和骨器。製造這些東西的人，可以說是人類最早的泥瓦匠和工程師。不過，這並非賴以為生的「職業」。

這些早期的人類，不用去關心有沒有能力支付貸款、買名牌，他們只有基本的生活需求：食物、遮身衣物、一些可以製成工具或武器的東西，以及庇護所。這些人所謂的「工作」，其實就是「幹活」。他們因自己的生活需要，去採集食物、尋找獵物，以及其他可以轉換成食物、工具或武器的東西，甚至自己蓋房子。

資本主義生產方式形成後，商品化的世界建立一種交易制度。工作不是因為自己的需要，而是為了交易；人們需要賺錢來購買食物、貨品或服務，自給自足成為自然主義者的浪漫夢想。於是，形成幾世紀來的就業市場：有些人在買工作，有些人在賣工作。工作的交易性質，導致各種的權力失衡。當工作多，工人少，就形成賣方市場，對工資的價碼具有較大的權力，反之亦是。這種失衡狀態容易導致嚴重的問題，例如壓迫、剝削。

所以，「幹活」是為己的生活型態，具有相對性的自由。甚麼時候煮飯、種菜，可以自己決定。「工作」則是一種交易性的契約行為，是一種買賣關係，很多時候由不得自己。

至於「勞動」，馬克思（Karl Marx, 1818-1883）認為那是人類存在的方式，是一種「自我實現」（self-realization）或「自我表達」（self-expression）的過程。「勞動」是人客觀存在的反映，包括態度、情感和興趣。理想狀態下，「勞動」是一種將自己的能力，以及想法「外在化」實現出來的過程。

例如，我們腦裡有些想法，透過書寫，具體轉換成文字作品，變成詩、小說、食譜、劇本；或者，透過繪畫、影音、攝影，化成藝術作品；或者，透過創業、成立公司，將理想付之實現。其他包括發展新的演算法、各種形式的發明，這些都屬於「勞動」。如果，這些行動的目的是為了交易，就會變成「工作」。

因此，「勞動」與「幹活」、「工作」意義不同。「幹活」泛指人為了活下去而從事的任何活動，例如洗衣、煮飯、養雞、耕田、種菜；「勞動」是人類生存的本質，是生理和心理力量的結合，展現生命的價值和意義；所以，當我們談到「勞動」，指的是完成生命的任務，而非外在社會指定的行動，它具有內在的節奏，也充滿著感情；「工作」指的是一種交易，是勞動的商品化，包括以物易物或金錢交易，是一種買賣行為。「工作」有職位的高低，「勞動」則無貴賤。

以馬克思的觀點，資本主義的薪資工作模式，常常造成一種「疏離感」（alienation），包括生產行為、產品與人際關係的自我疏離。理想狀態下，生產行為應該是實現自己的想法和發揮自己的能力。但在薪資勞動中，工作只是為了賺錢，並不是因為內在的動力、自己的理想，很多時候甚至造成能力被壓抑的狀態；而且，生產行為或工作活動的產品控制權，並非屬於自己的，而是屬於其他人，一家公司、或一個企業，自己並無決定權；資本主義的工作模式強調的是種競爭關係，而不是人和人之間的合作、溝通與分享，因此往往造成人際間的疏離。

理想中的老年「勞動」

資本主義交易性的工作模式，人只是一種工具，而不是目的，也不是自我實現的過程。

這種因外在情勢的壓力，必須去販賣自己的時間、身體或思想，因而失去自由、自主，甚至失去尊嚴，並非馬克思理想中的「勞動」。

相對於年輕時候，老年在時間、身體，甚至思考，都比較自由，比較有利於從事「勞動」。《成就大器晚成者的秘訣》（Secrets of Becoming a Late Bloomer）和《不老的靈魂》（The Ageless Spirit）的作者，73 歲的康妮．戈德曼（Connie Goldman）說：不像年輕人常需要求得別人的認同而苦惱，老了之後，可以自由的追求自我，不必擔心別人怎麼看你，反而會變得更加個性化。

德州大學奧斯汀分校（University of Texas at Austin）科克雷爾工學院（Cockrell Engineering School）約翰．古迪納夫（John Goodenough,1922-）教授，是鋰離子電池的發明者之一，九十一歲還獲得美國國家科學獎章。已經到九十四歲高齡時，又帶領工程師團隊打造了新一代電池技術：能量密度是當前鋰電池三倍，且安全係數更高的全新固態電池，將會給電動車帶來革命性的改變。他說：「活到這個歲數，我明白了不能對新想法存有偏見的道理，你必須測試所有的可能性。」畢竟他思考能源問題的時間，比地球上的任何人都要長，高齡讓他有了一種新的學術自由。九十四歲了，他說：「你再也不用擔心失業的問題了。」

確實，對許多人而言，老年是一種成長和解放。蓋爾．卡森．萊文（Gail Carson Levine）接近五十歲的時候，出版第一本書《魔法灰姑娘》（Ella Enchanted），這本書讓她一舉成名，並摘取了頗負盛名的紐柏瑞（Newbery Honor）兒童文學獎。她對自己能否在年輕的時候，寫出這樣的作品表示懷疑，她說：「青少年時期，時光只會在懵懂無知中慢慢消逝。」

因此，老年最適合去體現馬克思理想中的「勞動」。理想中，老年時的「勞動」是自由、自主，並具創造性，除了自我實現以外，也成為跟他人或外界溝通、分享的方式。以此而言，理想的老年「勞動」應具有幾個特性：

一、自主性

馬克思指出，人要透過「勞動」實現自我，因此必須有一定的自主性。在自由、自主的情況下，勞動是回應內心的呼喚，有時甚至變成一輩子的生命任務。對於一些堅持理念、緊握方向的老年人，往往表現出生命不止，工作不休的生活樣貌。

建築大師弗蘭克．勞埃德．賴特（Frank Lloyd Wright）在九十一歲去世那年，還完成了他最後的紀念碑——古根海姆博物館（Guggenheim Museum），作為發明家的班傑明．富蘭克林在七十八歲時，發明了遠近兩用眼鏡，以矯正他自己的視力。這些人的行動驅力，並非外在的壓力，而是自我實現的需求。

對已經過了退休年齡的人而言，工作並不是生活的重心，重要的是找到生命的意義和方向。一百零二歲的科學家瑞．克萊斯特（Ray Crist），在賓州哈里斯堡附近的實驗室裏，每天要工作九個小時。對他而言，沒有甚麼退休的概念，因為他始終認為自己的生命課題還沒有完成。他無盡的動力來自自己對有毒物質，對環境的測量工作的使命感。他說：我有內在的動力，這是驅動我繼續幹下去的原因。我沒有停下來的想法，儘管或許我應該。

這種退而不休的老人家比比皆是。已經連任三屆的加拿大大多倫多地區，米西索加市

（Mississauga）奶奶級的市長黑茲爾・麥卡利恩（Hazel McCallion）八十九歲；日本作曲家椙山浩，八十五歲還帶領一批人製作人氣遊戲《勇者斗惡龍》的音樂；法國指揮大師喬治・普萊特（Georges Prêtre）八十五歲高齡，還站在舞台上。紐約波茨坦村長露絲・加納（Ruth Garner）已經八十七歲；芝加哥爵士樂手派恩塔普・帕金斯（Pinetop Perkins）八十九歲，印地安納州綠房子經理弗里達・福雷奇（Frieda Foretsch），九十二歲。

著名漫畫家艾爾・赫什菲爾德（Al Hirschfeld）一輩子都把時間花在他的畫板上，為《紐約時報》不停供稿，直到他九十九歲去世為止。艾爾是一個工作狂，據他的妻子路易絲說，就在臨終的的當天，他還在自己的創作室工作，為自己的老朋友馬克斯兄弟畫像。在他八十歲接受採訪時，他還一直堅持說自己無法想像，停止畫畫和寫作的生活會是什麼樣子。

據《歐洲時報》報導，在英國退休老人就相當程度的展現自主性，雖然在超市櫃台仍然可以見到七、八十歲老人家的身影，但一般而言，他們比較少像日本人一樣去「工作」。除了到處旅遊之外，不少人還會參加志願性的慈善機構、開咖啡館、小飯店、經營民宿，或是做企業顧問、開辦諮詢公司等。有的老年人乾脆當起「作家」，在家寫作，以自主、積極的方式豐富自己的退休生活。

二、創造性

隨著年齡的增長，我們的身體的確會逐漸老化，但頭殼中的大腦卻並不像外表身體一樣凋零。幾項長期追蹤的研究發現，在健康老人身上（排除掉因疾病，或是阿滋海默症認知功能受損的老人）看到，我們的確是越活越正向，不論是在實質的創造力，或是心靈上皆是如此。

美國國家老年問題研究院的副主任朱迪思・薩萊諾（Judith Salerno）說：我們應該把晚年看作可以開發利用的好機會。老年人很可能沒有二十多歲的年輕人思維敏捷，但豐厚的經驗卻是他們寶貴的資源。那些學會開發資源的老年人會發現，他們不但可以做出驚人的成就，甚至有時候還開發出自己從沒有意識到的能力。

很多人都是大器晚成者。著名的作家勞拉・英戈爾斯・懷爾德（Laura Ingalls Wilder）

在她五、六十歲的時候創作了《小屋》（Little House），安娜．羅伯遜（Anna Robertson）在七十九歲那年，賣出了她的第一本繪畫集，之後的二十年裡，她一直樂此不疲。

八十二歲仍在 UCLA 實驗室努力研究失智症的神經學家錫伯爾（Arnold Scheibel) 說，他並不否認人腦會退化，尤其是阿茲海默症患者，但是健康的人變化不是很大。甚至，腦部有些部分隨著年齡增長，仍然會繼續發展。《創造性老化》（The Creative Age）作者，也是喬治華盛頓大學（George Washington University）「老化、健康和人類中心」（the Center on Aging, Health and Humanities）主任吉恩．柯翰（Gene Cohen）指出，隨著年齡增長，腦細胞長出的樹突（dendrites），會讓腦部的批判訊息更加活絡，無論五十、六十，或七十歲。

隨著人的年齡增長，思維過程也會日趨緩慢。加州大學戴維斯分校的心理學教授迪恩．基思．西蒙頓（Dean Keith Simonton）說：你的反應時間會慢下來，別妄想五十多歲開始打網球，還能成為世界級選手，但發明東西並不是速度的比賽。

美國喬治亞理工學院（Georgia Institute of Technology）和日本一橋大學（ひとつばしだいがく）對專利持有者的數據進行研究，發現美國發明者申請專利的平均年齡是四十七歲，而最具價值的專利，往往來自於五十五歲以上年齡較大的發明者。

的確，有些腦力活動對老年人來說會更容易些。西蒙頓說：「不同的領域要求不同程度的專業知識，那些像高等數學這種非常抽象的領域，就需要在年輕時鑽研，才能有所成就。」但研究實踐性創造力，即解決日常問題，創造力達到高峰的時間較晚，有些人還特別晚。

英國小說家理查·亞當斯（Richard George Adams,1920-2016）），做了大半輩子的公務員，在兩個女兒的鼓勵下，五十二歲時出版了第一本小說《瓦特希普高原》（Watership Down），以一群野兔為主角的英雄式奇幻小說，改編為電影《海底沉舟》（Waterdown Ship）；又比如美國作家蘿拉·英格爾斯·懷爾德（Laura Ingalls Wilder,1867-1957），在六十五歲時才寫就了第一本書《大草原上的小屋》（Little House on the Prairie）。哈蘭德·大衛·桑德斯（Harland David Sanders,1890-1980）上校，也是在六十五歲時創立了肯德基，現在已經是全球馳名的速食店。

老年繼續從事創造工作，也有許多好處。神經學家柯翰的研究報告中發現，老人主動參與創造性活動，將明顯地改善他們的身心健康，包括降低跌倒機會、減少看醫生的次數、減少藥物使用、減少視覺問題、降低孤獨感及沮喪等，同時增加他們參與其他活動的程度。單就降低老年照養，及醫療成本負擔的角度觀之，老年創造力與參與創造性活動，對改善個人生活品質、減低家人與社會的負荷，即提供了難以估價的貢獻。

三、**生產性**

一般而言，「生產性」都比較強調所創造的經濟效益。例如，老家附近有一對年逾七十歲的老夫婦，他們承租一塊農地，種植芋頭、水稻，自食其力、不必向兒女伸長手、無須他人照顧、更無須政府的長照，深信「有事做，較不易生病、不易老化」的定律，日出而作，日落而息。因此，從經濟效益而言，我們明確的知道這對老夫妻的勞動具有生產性。

然而，從馬克思的觀點而言，勞動的生產性是把內心想法外在化的過程，他認為這是人類不可或缺的活動。只有藉由外在實際存有的物質東西，才能幫助我們釐清內心主觀的想法。當想法只存在心裡時，通常只是一種模糊、含混、而且隨時在變動的狀態，只有當想法透過物質東西實現出來之後，我們才更能掌握自己的想法和能力。所以馬克思會說，透過勞動我們才能真正了解自己；並且唯有透過想法「外在化」的過程，我們才能與人分享、交流，建立關係。

因此，年老了，即使百歲都有生產力。美國肯塔基大學戴維．斯諾登（David Snowdon）教授的桌子上，擺放著一個珍貴的藝術品，那是一個聖誕老人，坐在約翰．迪爾拖拉機（John Deere tractor）上的陶瓷雕塑。此物之所以珍貴，是因為雕塑的創作者埃絲特．布爾（Esther Boor）修女，在2000年臨終之前送給他的禮物。一百零七歲高壽的埃絲特修女，是斯諾登「修女研究」（Nun Study）中年齡最大的成員。埃絲特修女九十七歲那年才退休，然後開始學習陶瓷雕塑，臨死之前還有作品。

日本老太太若宮雅子（Masako Wakamiya），自六十歲開始學習使用電腦，編寫程式，八十一歲推出了她親自設計的應用程式，曾走上 TED 的演講台，分享個人經驗，展露出日本知性銀髮女生隱藏的實力。根據若宮太太的演說，當她踏入當地的強制退休年齡，要從職場退下來之際，發覺自己無所事事。而且，她習慣職場生活，突然要學習處理家頭細務，還要照顧年過九十歲的媽媽，感到重重壓力。

於是，她突發奇想，購買一部電腦，讓她能留家照料媽媽，同時跟朋友保持聯繫。誰知她自學安裝電腦、軟件和上網，直到屏幕彈出「成功連接」的一刻，就帶來了一個意想不到的改變：找到生活新方向。

回想當時參加為期半年左右的銀髮族電腦班，發現電腦和網絡世界之廣闊叫人驚奇，並開始試用 Excel，將空白的表格填上色彩，繪製日本傳統圖案，設計出好幾款 Excel 藝術品，娛樂自己，同時借冰冷沉悶的 Excel 圖表發揮創意。

二十年後的三月三日，若宮老太太趁日本女兒節正日，推出首次研發的手機遊戲程式「雛壇」（女兒節娃娃擺設），展現銀髮女性的無限創意之餘，亦不忘將日本傳統節日文化和科技合二為一，介紹傳統日本女生代代相傳的嫁妝擺設，教導用家按照正確的擺位和次序安放人形娃娃。

另一位日本阿嬤一百一十二歲的後藤初乃，七十三歲才開始習畫，繪畫讓她的生命力越來越旺盛，年過百歲還到海外去開畫展。當時，後藤阿嬤因所帶的孫子已經長大，發現生活失去重心，每天無所事事，於是去當地文化會館上課。一開始，她報名點字班，想把自己喜愛的夏目漱石，用點字介紹給盲人讀，上幾次課後，跟不上進度就放棄了。接著，她又想改學法國繡，但因報名太遲而失去機會，只剩繪畫教室還有名額，只好去上繪畫課。

兒子幫她買了油畫材料和畫具，女兒、女婿也抽空接送。持續不斷習畫的十年後，居然畫了一張榻榻米大小，一百號的巨幅油畫。以後，每年都有一兩張如此巨畫的作品產出。九十九歲時，已經累積了二十二張畫。過百歲，開始辦個展。

後藤阿嬤說，她畫畫時並沒有想很多，也沒有想要畫得很好，只是畫出自己想要畫的。然而，因為畫畫，讓她有了新的人生，透過繪畫，增加跟家人、朋友溝通交流的機會，也拉近彼此的距離，自己想像也更自由，行動也變得更寬廣。

老年的禮物經濟模式

老年勞動之所以珍貴，因為它有可能脫離「市場經濟」（market economy）的工作模式，返回人類早期的禮物經濟（gift economy）勞動模式，讓人世間再度充滿溫暖和感動。

禮物經濟或稱禮物文化（gift culture），是自古以來自由價值的經濟學模式。在禮物的給予過程中，給予者沒有任何得到立即回饋或價值回報的要求和預期。這種禮物經濟模式，人類學家認為是一個跨文化、泛歷史的社會行為。相反的，「市場經濟」或「易貨經濟」

（barter economy）是一種商品交換，用社會契約或明確協議，來保證給予者得到，或期望得到報酬的規範價值經濟學模式。

「市場經濟」是基於商品交換的原則，特點是立即性、可計量、獨立性，是物品和物品之間量的關係；「禮物經濟」的特點則是非立即性、不可計量、互賴，是人和人之間質的關係。

「禮物經濟」跟「分享經濟」（share economy）的概念非常像，背後的驅力都不是為了錢，只差在分享經濟主要是指將「多餘的」跟別人分享，比如說多出來的房間，或是多出來的食物，與其放著不用，不如將之拿來跟其他人分享；「禮物經濟」則是著重在把所有的付出都當作是禮物，而不是投資或是交易。

法國人類學家馬塞爾．莫斯（Marcel Mauss）、路易士．海德（Lewis Hyde）等人發現，禮物經濟和我們習慣的市場經濟截然不同。雖然市場經濟和禮物經濟都是交換體系，但它們有三個基本的差異：

情境不同：市場經濟的重點是交易，禮物經濟的重點是關係。特洛布里安群島（trobriand）的人在所謂的「庫拉圈」（Kula Ring）儀式中交換項鍊和臂章，物件的價值不是由供需決定，也不是以市場價格來衡量，而是根據給予者與收受者之間的關係，以及那個禮物在社群中代表的意義而定。

媒介不同：在市場經濟中，大家使用金錢作為交易媒介，亦即財務貨幣。在禮物經濟中，大家是使用社交貨幣。社交貨幣的目的，不是為了執行交易，而是為了表達關係，在市場上沒有定價。

地位獲得不同：禮物經濟的一大特色，就是地位是努力掙得的，而不是買來的。在太平洋西北地區，原住民部落發展出冬季贈禮的儀式，地位高低不是看誰累積最多的財富，而是看誰給予社群最多。

事實上，這種「禮物經濟」的模式，在老年的勞動行為裡處處可見。例如日本七十五歲的中村常野（Masatoshi Tsuneno）在柏市（Kashiwa），建立了一個為當地社區提供服務的組織。這個由一百名退休老人組成的團體，幫助社區維護交通安全，協助學生過馬路，就像英國「棒棒糖大媽大叔」一樣，每天上學、放學高峰時段，就準時出現在馬路邊。他們把「棒棒糖」標誌牌一橫，示意路上的汽車停下來，讓孩子們安全過馬路。

這些退休人士還協助學校圖書館延長開放時間，方便學生在課前及課後學習。他們還志願為日托中心提供幫助，女性成員還去家訪探視產婦，以保證她們學會新生兒護理。該組織還有這樣一條規矩：不得披露自己過去的工作和職位。「不管你過去是公司總裁還是外交官，」中村常野說：「同事們之間要平等相待，這一點非常重要。」不論過去是什麼職位或級別，他們對現在所從事的工作感到自豪。

我住的社區，有一位七十一歲的退休女教師，因為喜歡做衣服，退休時開始學裁縫。如今，她日常生活的家居穿著都是自己親手縫製。不但如此，還贈送給左鄰右舍的老人家。她每個月定期到迪化街買布，幾百塊就可以做好幾件衣服。串門子的時候，看到許多老人家身上都穿著她的作品，感到很大的成就和喜悅；芬蘭一群有七、八十歲的社區婦女，她們蒐集了各家的舊衣服，利用她們的縫補專長，改做成大野狼與小紅帽的布偶，每年送出上千個給孤兒院兒童當玩具，也做為各地圖書館講故事時的道具。

高雄縣鳳山市公所計畫室主任黃森濤喜歡童玩，退休後成為街頭藝人。他喜歡跟孩子打成一片，也為弱勢孩子做童玩。擔任志工三十年，後來加入「傳愛達人」行列。在嘉義，一群由教育界退休的校長、主任，以及公司行號的負責人等組成的薩克斯風團，由嘉義縣退休校長陳文宗擔任團長，並敦聘嘉義大學陳俊汕教授為指導老師，教授薩克斯吹奏技巧，除了個別練習外，並利用每週日晚上進行團練。他們常常應邀到各地去做公益性的表演，藉由這樣的活動，結交許多薩克斯風同好者，更享受音樂帶給自己和他人的感動。

這些老年人，他們擺脫了市場經濟的交易模式，和金錢邏輯的生產工作，藉由禮物或分享的概念，讓自己的勞動更加有意義，也創造更多的幸福。

第七篇 free and easy

老伴

老伴，不等於另一半。

少年夫妻老來伴

俗話說：「老伴、老伴，少年夫妻老來伴。」一輩子打拚，年老時，兒女都已各自獨立，也各有自己的生活。最後，陪在身邊噓寒問暖的，往往只有多年來不離不棄的老夫或老妻。所以，有人說：「妻子是男人最後一位觀眾，丈夫是女性最後一張存摺。」

年輕結婚是因愛情，年老夫妻才見真情。男人的一生不管如何燦爛輝煌、風光亮麗，真正看到你人生謝幕那一刻的不是別人，是你的妻子；而女性步入老年之後，儘管可以數代同堂、兒孫繞膝，但陪妳走到生命最後一刻的不是別人，是妳的丈夫。因此，夫妻可以終生廝守、攜手到老，往往是許多人的期盼，也是人生最感人的畫面。

2014年，韓國一部紀錄片《親愛的，不要跨過那條江》，導演陳模瑛用十五個月的時間，跟拍九十八歲老爺爺和八十九歲老奶奶，夫妻倆從年輕到老，恩愛走了一輩子的真實生命故事。

這對結褵七十六載的老夫妻，住在山裡頭。散步時，兩人會俏皮的在對方鬢髮插上在路邊剛摘下的小花，歡喜的相互品賞；吃飯時，會彼此為對方夾菜、餵食，還邊勸說：多吃一點；工作時，兩人穿著情侶裝一起上山砍柴；晚上，夫妻會手拉著手一起入睡，還會愛惜的撫摸對方的臉頰。

夜裡，奶奶起床上廁所，會叫醒爺爺要他守在房門外。她說：「你千萬不要走開哦！我會害怕的，你給我唱歌啊！」爺爺清清嗓子，開始拉起了調子；路上，奶奶剛說了一句：「我膝蓋好疼！」爺爺便彎下身子，幫奶奶吹膝蓋；爺爺病了，奶奶就一直握著他的手坐在一旁，心疼的說：「你胳膊變細了，我給你搔搔背吧。」就這樣，兩人相知相惜，平實、平淡的過日子，直到有一天，爺爺離開了奶奶，去往另外一個世界。

新加坡前總理李光耀，他的政敵形容他刻薄無情，但他對妻子柯玉芝一往情深，形容她是「力量和慰藉的泉源」。柯玉芝中風臥病在床兩年，他每晚在床邊為她念詩，不信宗教的他更為她禱告，就連開刀都要形影不離。2003 年柯玉芝首次中風入院時，李光耀就安排同時進行前列腺手術，兩人病房相通，陪伴左右。

2008年，柯玉芝不幸再中風，無法動彈，只對丈夫聲音有反應。李光耀每晚10點回家，一定先到房裡，跟妻子細談瑣事，陪她講故事。她在2010年病逝，李光耀在喪禮中，兩度以手撫唇，輕撫棺木，告別為他付出六十三年的另一半。他說：「沒有她，我會是個不一樣的人，過不一樣的生活……她過了豐盛的八十九年，我應該感到安慰，但在最終要分開的這個時候，我的心情沉重，滿懷傷心與悲痛。」2015年李光耀過世，享壽九十一歲，死後遵其遺囑，骨灰跟妻子合葬，永不分離。

千金難買老來伴，老年離婚潮

許多人結婚時，都會滿心期待能像韓國的老爺爺老奶奶一樣，兩人能相伴歡歡喜喜的共度人生風雨，即使白髮皤皤，還能手牽手，在林間、在溪畔、在海邊，共看夕陽紅。然而，這種婚姻美滿白頭偕老的夢想，在現今社會似乎越來越遙遠了。在追求個人幸福的時代潮流下，逐漸發現一種殘酷的事實：千金難買老來伴。「執子之手，與子偕老」的畫面，往往變成稀有的神話故事。

走了一輩子，很多人晚年卻感到再也無法忍受對方的個性、脾氣或生活習慣，甚至到人生最後階段，才發現兩人興趣不合，因而毅然提出分手的要求。在二次大戰嬰兒潮世代之前，老人離婚幾乎聞所未聞，他們的父母都是白頭偕老。然而，這些年來，老年離婚已成為世界的風潮，形成高齡化社會的婚姻革命。

韓國統計廳《2014婚姻、離婚統計》顯示，結婚二十年以上離婚的「黃昏離」，過去20年猛增了十四倍。老年離婚件數，1990年有2363件，2014年增至三萬多件。根據首爾家庭法院提出的數據，2016年1至7月的2058例離婚案中，婚齡二十六年以上的比例最高，共三百九十一例，占全部離婚案的百分之十九，遠高於婚齡三年以下年輕夫婦的離婚率。

在日本，老年夫妻離婚率也越來越高，尤其法律規定，離婚妻子可取得丈夫一半的退休金後，更讓不少受夠另一半的老婆們，決定不再當「假面夫妻」或「受氣婆」。以前丈夫忙著上班工作、應酬，深夜才下班回家，夫妻相處時間不多，但卻相安無事。退休後，丈夫成天在家，大男人主義的「退休後症候群」，反而增加生活上的緊張、衝突，最後只能黯然分手。近年來，日本有些男人退休第一件大事，就是面對太太提出來的離婚協議書。

據統計厚生省統計，日本每年大約有二十五萬對夫婦離婚，離婚率高達百分之五十。其中，結婚二十年以上的離婚夫婦有三點八萬件；「熟年離婚」的案例，從八零年代的百分之七點七，飆升到近年的百分之十六點四。而且，日本老年的婚姻形式，已經不只有結婚和離婚，近年還興起了「卒婚」。夫妻雙方在維持婚姻狀態下，分開各自生活，既不牽扯到現實的法律問題，卻又能各自追尋自己未完成的夢想。

西方國家老年離婚率也一樣逐年增加。依據法國司法部的統計數字顯示，2004 年六十歲以上男子離婚 8203 人，2014 年增加到 13941 人；六十歲以上女性，上法院打離婚官司的人數，2004 年是 4755 人，2014 年增加到 8824 人。若以結婚時間長短計算，2012 年有一點五萬名老人，在共同生活三十五年後，給他們的婚姻畫上了句號。

美國也面臨同樣的狀況。過去二十年裡，六十五歲以上的美國人離婚率增加了百分之十一。因為晚年離婚的人口快速增加，美國的律師協會還特別成立了「邁向黃金歲月，五十歲以後摘除婚戒」小組，從各個層面幫助中高年齡的離婚者，去適應新的生活。

而根據英國《泰晤士報》（The Times）報導，六十歲以上英國銀髮族的離婚率從1998年開始持續上升，與其他年齡層的離婚率跌至二十二年來最低點，形成了強烈對比。義大利也出現老年離婚潮，義大利婚姻律師學院2015年公佈的資料顯示，六十五歲以上申請離婚的比率，在過去五年裡，從百分之十三提高到百分之二十。甚至，到九十歲都有人訴請離婚，想展開不一樣的人生。

老年離婚，台灣也不遑多讓。根據主計處最新統計，2015年，台灣五十到六十五歲以上男性離婚對數為13017對，五十到六十五歲以上女性離婚對數則為6853對。對照於2007年，五十到六十五歲以上男性離婚對數10228對，五十到六十五歲以上女性離婚對數5036對，可以發現，不到十年之間，台灣五十歲以上人口的離婚對數，已經走向「穩定成長」之路。統計也顯示，六十五歲以上提出離婚者多數是女性。

依據美國鮑林格林州立大學（Bowling Green State University）的社會學教授蘇珊．布朗（Susan Brown）和林愛芳（I-Fen Lin）對「灰髮離婚」（Gray Divorce）的研究發現，以往認為再婚者比較容易離婚，但近年來許多離婚的老人，大多數是第一次婚姻，這一現象以前很少遇到。她們指出，近年老年離婚率的增加，有幾個原因：

一、**任務感消失**

夫婦共同生活了數十年之後，兩人間的意見分歧往往會被歲月慢慢磨平，但是並不代表他們就能心靈契合、快樂生活。當孩子長大後，意味著兩人間的紐帶消失，一些夫婦認為已經履行，並且完成了撫養責任後，有如釋重擔的感覺。以前，再困難都需為孩子著想的理由消失後，往後就無須再忍受下去。

二、**社會接納度提升**

早期社會，離婚是一件丟臉的事情，往往會遭受異樣眼光。如今，社會對離婚容忍度和接受度都已提高。當離婚在社會上不再是一件羞恥的事情時，很多人選擇分手，各自追求嶄新的生活。實際案例顯示，離婚的老人並非都是劍拔弩張，很多是心平氣和地互道珍重。

三、**女性經濟獨立**

目前各國的離婚案件中，有超過六成是由女方主動提出。究其原因，很大程度是因為工作機會均等和經濟獨立，而且有些國家提供合理的退休金和法律保護，女性不用像以前要終生依靠丈夫生活，讓妻子有提出離婚的勇氣。

四、平均壽命延長

生命延長意味著夫婦倆在退休後，還要共同生活幾十年。年輕時兩人各自忙碌，退休後突然整日在一起，如果以前沒有解決的矛盾一再重現，生活上大小爭吵不斷、磨擦增多，想想這樣要再熬個二三十年，實在太辛苦，於是選擇分道揚鑣。

黃昏之戀，老年再婚潮

年齡增長，很多狀況都會改變，唯一不變的是愛和被愛的需求。所以，在高齡化的社會中，有些老人忙離婚，但也有些老人忙再婚。英國國家統計局數據顯示，越來越多曾離婚的老年人選擇再婚，避免退休後一個人孤單過日子。2009年到2014年間，英國六十五歲以上女性再婚率增加百分之五十六，男性增加百分之四十一，將整體結婚率推高了百分之二點七。

曼徹斯特大學（The University of Manchester）社會老年學教授德博拉·普賴斯（Dabora Price）說：「過去二十年裡，年輕人的離婚率不斷升高，因此不少女性是以離異的身份逐漸老去。」過去，老年女性的再婚率比男性低很多，因為老年男性再婚時，大多喜歡娶比自己年輕許多的女性，老年女性往往乏人問津。但如今，由於老年女性更加獨立、更善交際，因此結婚率不斷上升。

老年女性再婚率提高與平均餘命不斷增長有關。2010年時，英國女性平均餘命為八十五點八歲，而如今已經達到八十六點五歲，比男性平均多二點五歲。而且，夫妻結婚年齡，往往男大於女，這意味著不少女性在生命的最後幾年要獨自度過。為避免孤單終老，不少女性積極選擇重新結婚。

日本是人口老化最快的國家之一，「黃昏之戀」在老年人口中慢慢的興起。據統計，2014年，六十歲至七十歲的再婚男性，比二十年前增加三倍，再婚女性則增加了五倍。傳統的日本社會，喪偶的老年人多數會選擇孤單過一生，如今，很多老年人已不忌諱為自己再找一個伴侶。

黃昏之戀雖不比上年少愛情的熾烈，但一旦遇上，更值得珍惜。東京的老年婚姻介紹所「老人之愛」負責人宮本秀一指出：參加老人之愛的原因，對有些老年男性而言，是因為難以承擔煮飯洗衣等家務，對眾多女性而言，則是感到孤獨，需要有人作伴。有些年老女性希望能再結良緣，純粹只想有個說話的伴，能到公園散散步、一起吃吃館子罷了。

不婚而居，老年不婚族的背後

老年有伴總比無伴好。研究顯示，有配偶的老人，無論健康、壽命或生活滿意度都高於無配偶的老人。然而，若不幸離婚或喪偶，想再婚的老人往往會面臨許多問題。包括：

一、傳統觀念的束縛

阻礙老年人再婚的主要原因，往往源於社會輿論和周圍親友的態度。傳統保守的觀念中，老年人再婚往往被認為是老不正經；此外，從一而終的觀念，也根深許多人的心目中。雖然現在社會對於老年人再婚的觀念寬鬆了許多，但仍有些人不能理解老年人再婚需求。

二、錯誤的擇偶觀

如果再婚，只是出於自私、功利的目的，為自己找個為洗衣、煮飯的保姆，或希望有個人可以差遣，忽視情愛和性愛的需求，只會釀成另一次的悲劇；婚姻生活如果沒有相互的尊重、沒有共同的興趣，也不想去適應彼此不同的個性，與其結婚，倒不如單身快活。

三、擔心財產問題

老年人再婚必然影響財務、資源的分配。許多老年人認為房屋、財產等實際問題，往往阻礙了老年人再婚的念頭。更多的是，子女擔心老父或老母再婚，家庭財產將來會落入繼母（繼父）之手，從而影響到子女的繼承利益。

四、子女反對

有些子女因為對已經過世的父親或母親的懷念，不願意老父或者老母再婚，認為父母應該從一而終，覺得老父或老母再婚，丟了子女的臉，特別是母親再婚。喪偶或離婚的父母想要再婚，有些子女會以各種理由，百般阻撓。最後老人家只好妥協，不再提再婚一事；若有幸再婚，有時也得不到兒女的諒解，不和他們往來。

由於老年人再婚，障礙重重。於是，不少單身老人搭伴養老，社會學家把這群人稱之為「老年不婚族」，指的是兩人同居生活，但並不登記結婚的老人群體。這種「不婚而居」的背後，隱藏的是對現實的妥協和讓步。年紀大了，或許對那張結婚證書並非那麼在意，重要的是能夠相互照顧和扶持。如今，老年人「不婚而居」的現象逐漸普遍，成為老年伴侶的獨特形態。然而，老年「不婚而居」也會面臨一些問題：

一、得不到法律保護

因為沒有婚姻登記，老年不婚族無法按照法律規定，以配偶身份成為法定繼承人。也因為沒有婚姻登記，老人共同生活期間的財產，無法作為夫妻共同財產進行分割。雖然老年人的「非婚同居」不能以「非法同居」視之，但這種關係確實無法受到法律的保護。尤其是沒有生活來源的老年女性，在同居的老伴過世後，無人贍養，也得不到任何經濟上的補償。

二、一方去世時的尷尬身分

如果沒有獲得子女或親友的承認和諒解，一些「非婚同居」的老人在一方去世後，處境往往十分尷尬。令人傷感的情景是，當另一半去世時，這個「名不正、言不順」的「未亡人」，只能站在靈堂遠處，偷偷拭淚。甚至，被對方子女趕出房門，無以為家。

喪偶之痛的寡居效應

死亡是人類的宿命，再恩愛的夫妻，晚年都必須面臨生死別離的時刻。死亡結束了人生，但並未中斷夫妻的情緣。很長的時間，死去的另一半，仍然會持續留在「未亡人」的內心深處。研究顯示，喪偶者 20% 到 26% 的喪偶者，在一年後還會嚴重沮喪，常常因為飲食習慣改變，造成營養不均、健康不良，使用菸酒藥物的情形也會增加。

喪偶之痛，痛入心扉。有「帽子歌后」美譽的台灣名女歌手鳳飛飛，1980 年嫁給在香港經商的趙宏琦，鶼鰈情深二十九年。2009年丈夫過世，她在悲慟中，含著淚，唱了一首〈想要跟你飛〉，表達對她先生深深的思念，句句感人肺腑。歌詞這樣寫著：

半邊月　你的臉　我渡過故事的圓缺
點點的淚像星晨掛黑夜　倒映在回憶裡的畫面
人分別　心跟隨　我擁抱這份緣的深淺
回首看見生命的不完美　對你的感謝未曾停歇
你那裡需不需要有人陪　你收不收得到我的思念　想要跟你飛　不免擱再找
陪在你身邊我什麼都不缺
你那裡有沒有人能聊天　我想要愛你疼你像從前　想要跟你飛
天涯海角多遠我都不累　牽你的手　歲歲年年……

MV的畫面中：鳳飛飛清晨醒來，下意識的摸摸床的另外一邊，卻發現床位已空，只能虛弱的縮回伸出去的手，再一次提醒自己，他已經不在的事實；起床後，披著睡衣，走到廚房泡咖啡，習慣性的拿起兩個馬克杯，愣了一下，才再將一個馬克杯放回去，又一次告訴自己：他已經不在，永遠的離開了。雖然，生活中許多場景都歷歷在目，告訴著她，他是多　鮮明的陪在身邊，但又必須每次每次的提醒自己：「他已經走了。」

這段影片，每看一次，就落淚一次。對情感至深的夫妻而言，在伴侶過世後，往往傷痛欲絕、抑鬱寡歡，覺得生命漫無目標、失落無助。有些人甚至希望自己也跟另外一半一起離開。常常在不久之後，在世的一方也相繼過世。

研究顯示，喪偶增加了在世伴侶的死亡率稱之為「寡居效應」（The Widowhood Effect）。這效應不管在中年伴侶身上，或是老年伴侶身上都可以發現，而且在伴侶過世後三個月，往往是在世一方的死亡高峰。

除了死亡率之外，研究發現，在世伴侶的生活品質也和過世的伴侶有關。2015年，美國亞利桑納大學（University of Arizona）心理學教授布拉薩〈Kyle J. Bourassa〉的團隊發表一篇研究論文〈不在並非消失〉（Absent but Not Gone）。布拉薩團隊之前研究發現，伴侶之間的生活品質、認知功能、健康，不只影響他們自己的幸福感、生活品質，也影響到另外一半的幸福感，可見伴侶之間有種相互依存或同步的現象。

此次，布拉薩團隊研究老年人喪偶的結果顯示，伴侶死亡後，對在世伴侶的生活仍會繼續影響著。他們分析了五百四十六對在研究期間喪偶的伴侶（喪偶組），以及2566對在研究期間並無喪偶的伴侶（健在組），分三段時間點對他們的生活品質進行評估，包括伴侶過世的前兩年、伴侶過世前、伴侶過世後。研究發結果提出三項結論：

一、**「喪偶組在伴侶過世前的生活品質，可以預測伴侶過世後的生活品質」**。因為年紀已大，身體狀況較不佳，因此喪偶前生活品質受到影響，而喪偶後則因悲痛，所以影響到生活品質。

二、**「喪偶組其伴侶過世前、伴侶過世後的生活品質，會較健在組低」**。

伴侶過世前可能身體狀況較差，因此影響到生活品質。而過世後生活品質較低，可能因為喪偶對在世伴侶所造成傷痛，以及不習慣、捨不得所造成的影響。

三、**但「伴侶對喪偶組和健在組的生活品質，依存強度無顯著差異」**。

這依存強度就算排除了健康狀態、年齡、結婚年數後仍然存在。表示在世伴侶的生活品質仍受已過世的伴侶影響，這強度跟伴侶仍健在的組別一樣。

此一研究結果令布拉薩研究團隊相當驚訝，照理來說，人已經不在了，應該會漸漸減少對他的依賴，但研究卻顯示沒有差別。雖然此研究還無法釐清這中間的影響原因是什麼，但布拉薩認為，雖然失去摯愛，但他某部分彷彿仍和在世伴侶在一起。布拉薩希望未來可以繼續研究，這中間的作用機制為何，想要了解就算只思念著過世的伴侶，是否也可以有依存的感覺，如果可以，或許未來可以用這機制來幫助喪偶的人。

夫妻本是同林鳥，然而，平日相處並無特別感受，也不會特別珍惜。很多夫妻，在孩子還小的時候，常常忘記彼此的存在，很長一段時間，對方只是「孩子的爸」、「孩子的媽」。直到有一天當對方離世時，才知道傷悲、痛苦、多悔恨。喪偶最傷痛的是：老年好不容易才重新找回夫妻的感覺，正要開始的時候，居然就這樣先走了，因而愧疚和自責，為什麼生前沒對她好一點。

老年喪偶，最需要的是陪伴，尤其是子女的陪伴，往往會沖淡一些哀傷。其次，透過回憶也可以滿足內心的思念。只有當心裡再次充滿能量以後，才有機會重新生活。喪偶之痛藉由理解伴侶的生前種種而重新認識他（她），往往可以減少愧疚和自責。例如，有些人接到烹飪班或史蹟研討會的通知，因而代替過世的另一半去上課，才知道伴侶生前在做甚麼，都跟那些人往來，循著伴侶的足跡，踏出人生新的一步。

澎湖一位民宿主人跟我說了一段故事：有一位日本老婦人，每年都會千里迢迢的飛來澎湖離島，住上一段時間，依著已經過世先生留下的日記，尋找他生前在台工作的足跡。她撫摸丈夫住過的房門、踩在丈夫走過的海灘、望著丈夫曾面對的大海、拜訪丈夫以前的舊識。拿著當時寄回的照片，想像的去體驗他一個人離鄉背井、異地生活的孤寂與艱辛。透過這種方式，老婦人享受著對丈夫的思念。她說，每次飛返日本，都充滿新的情緒面對生活。

不願獨活的生命悲劇

死亡是永遠的告別，當生命中的重要他人離開世上時，我們常說：「他永遠活在我心中」，這活在心中的他，會持續影響著往後的生活，感覺不曾真的離開過。感情甚篤的夫妻，一方過世後，有人因無法忍受獨活，於是選擇追隨而去，甚至相約自殺。

根據法國《費加羅報》（Le Figaro）網站 2014 年 2 月 17 日報導，越來越多的證據顯示，法國有越來越多的老年夫妻，選擇自殺來共同面對死亡。該報導描述，17 日下午，法國波爾多市（Bordeaux）消防隊在一個寓所裡，發現了兩具老人的屍體：九十四歲的伊莉莎白．德維達斯（Elisabeth Devidas）和五十五歲的迪迪爾．德拉維涅（Didier Delavigne），兩人被發現一起死在自家的床上。

經過警方初步確認，五十五歲的男性死者曾是一名流浪漢，生前陪伴著年老的女性死者，在他先自殺之後，九十四歲的的伊莉莎白隨即結束了自己的生命。而去年 11 月，一對八十多歲的夫妻，被發現在巴黎的一所五星酒店包房中自殺，他們共同服用了致命的毒藥，死的時候兩人緊握雙手，安詳而沒有痛苦。

根據法國社會事務部（le ministère des Affaires sociales）2010年資料，法國每年有接近三千名超過六十五周歲的老人自殺，占到法國每年自殺人數的三分之一。《自殺的老人》（Le suicide chez la personne âgée, ce chiffre n'est que la partie émergée de l'iceberg）一書的作者瑪格麗特．夏拉紮克-布魯奈爾（Marguerite Charazac-Brunel）認為，其實這僅僅是冰山一角。根據她的說法，很多的自殺案例是沒有被記錄在案的，而被記錄成「有自殺傾向」。

瑪格麗特研究老年夫妻共同自殺的問題，她將這一現象分為兩類。第一類是「契約死亡」契約死亡，那對在巴黎五星級酒店裡自殺的老夫妻就屬於這一類。瑪格麗特指出，這一類自殺並不經常發生，通常兩位死者互相具有強烈的感覺基礎；第二類自殺叫做殺人後自殺，兩人中的一人不願意單獨一人離去，在殺害伴侶後自殺而亡，這一行為的發生頻率更高。

老夫老妻，貴在相知相惜

由於平均壽命的延長，今天的老夫老妻，在中止職業生涯後，還得彼此相處四分之一個世紀，而中世紀時，他們繼續共同生活的時間不超過十五年。如今，大多數老人都知道，他們退休後還有二十到三十年可活。退休只是人生的下午時刻，而非夕陽西下。退休後，夫婦必須面臨一天二十四小時，同在一個屋簷下的兩人世界，這是一個重新界定夫妻關係的時刻。因此，是否仍然希望與同一個人，在退休後的這麼多年裡，過同樣的日子，變成值得思考的問題。

雖然很多人都盼望能「執子之手，與子偕老」，但婚姻能走到白髮蒼蒼，談何容易。從年輕到年老，從早晨到夜晚，夫妻生活中，免不了必須面對大大小小的分歧、爭吵，久而久之常常造成一種生命的困局，加上人人都有自由的渴望，因此，即使老夫老妻，也不一定能繼續共同生活下去。

退休後的兩人世界往往隱藏著危機，那就是生活中將會有另一半填滿你的時間，所產生的壓迫感。有一個年過六旬、瀕臨離婚邊緣的退休女性，跟其密友說出她的真心話，她覺得辛苦這麼多年，非常夢想能到外面去看看，去享受自由的感覺。但是看到她的丈夫，每天穿著睡衣，呆在電視機前的時間也越來越長。開始產生了一種焦慮，害怕淪落為他的女傭，未來只能被困在他的身邊，服伺他一個人。

當夫妻彼此信任度不足時，也時常聽到這樣的抱怨：「我一出門，他就問我到哪兒去，跟誰一起去。」他們雖然不一定正面提出離婚問題，但可以感到新生活，並不一定像他們想像的那麼容易。

有些夫妻相處越久，感情越深，彼此互相扶持、形影不離；而有的夫妻則會隨著時間的過往，感情慢慢淡如白水，甚至貌合神離，在一起只是名義夫妻罷了；有些更會因年齡增長而性情轉變，夫妻間的隔閡也越來越深，以致老伴變成了一開口就吵架的另一半。

我們都有愛上一個人的能力，但是卻常常缺乏與另一半走到最後的毅力與勇氣。因此，晚年有伴侶相親相伴，仍可互相扶持走完這段美好的人生階段，確實彌足珍貴。在茫茫人海裡，能遇見彼此喜歡的另一半是種福氣，而讓一段關係幸福的走下去卻需要努力。

所謂家家有本難念的經，戶戶都有通往幸福的路。個性不同、條件不同，夫妻相處有許多不同的模式。「照妖鏡夫妻」常常在找對方的缺點，並將一切過錯歸咎於對方：「要不是你，我今天也不會這麼慘。」「自己照照鏡子，你已經是老頭子（老太婆）了，還要怎樣！」怎麼看對方，都是不對勁。甚至，因為長久不滿的累積，最後演變成「仇敵式夫妻」，心中充滿憤怒，相見不如不見。

「依賴式夫妻」則凡事互相推諉，誰也不願承擔責任。彼此常說的一句話就是：「那是你的事，我不管！」；「探戈式夫妻」則深諳一進一退的道理，夫妻相處就像踩著探戈的舞步；「交融式夫妻」相互支持，有挫折，會彼此安慰、鼓勵；「互補式夫妻」會承認、接受彼此的差異，並且從對方身上汲取養分。雖然夫妻相處各有不同，然而，要能相知相惜走到最後，總有些原則可循：

一、知心：欣賞對方優點，接受對方的缺點

世界上沒有「完美的伴侶」，「知音」最是難得。很多夫妻相處，年輕戀愛時往往只看到對方的優點，結婚老後卻只看到對方的缺點。很多時候，對方沒變，是自己的感覺改變了。以前諸如睡覺打呼、亂丟襪子、吃東西會發出聲響等，都可以看做有趣；一旦一起生活久了，感情淡了，卻往往把注意力過分關注在類似「擠牙膏」的一些小缺點。

二、知人：找到最佳相處模式

走了大半輩子，經過長時間的磨合，有心的夫妻都會逐漸摸索出，彼此之間最佳的相處模式。包括如何製造歡樂、解決衝突，如何分享、如何溝通。世界上幾乎沒有不吵架的夫妻，即使年老依然如此。經過這麼多年，每對夫妻都應該知道對方的爭吵方式、事後和解的方法，以及如何去避免、化解當下更激烈的衝突。

三、知性：設定目標共同成長

成長沒有年齡的限制，即使是老夫老妻，也不要把雙方的關係、能力，困在過去一層不變的模式；不斷學習、探索彼此的新領域，每天就會有新的話題、新的感覺，生活才不會索然無味。雖然夕陽時刻，但由於平均壽命延長，老年仍然有很多時間可以規劃，夫妻如果可以設定一些任務共同完成，生活就會比較有方向感，未來也充滿著期待。

四、分享：共同回憶昔日快樂時光

能夠分享美好、分擔憂愁，才是好伴侶。雖然熟悉感可能造成厭煩，但即使是處在壓力之下的婚姻角落，還是有許多值得珍惜、回味的美好時光。整理過去的照片、物品，看看以前的樣子，找回甜蜜的感受，甚至產生新的感覺，都會讓兩人的世界再度鮮活起來，甚至因而發現更多靈感，去營造新的生活。

五、親密：保持親密的身體接觸，感受對方的溫度

老年人一向被視為無性，想要建立親密關係往往會被冠上「老不修」。但研究發現，老年性生活滿意度越高的人，生活品質越好，老年女性的性滿意度甚至比中年時更佳。研究也發現，老年人滿足性需求的方式，除了狹義的性行為以外，更重要的是撫摸、牽手、親吻、擁抱的肢體接觸，實實在在的感受到對方的溫度，會增加幸福感。

老伴不等於另一半

一般人常指望夫妻的功能之一，就是老了一起作伴。但這個期望與事實相去甚遠，因為，配偶不見得就是最好的人生伴侶。很多性格不相投的夫妻，越老越不肯妥協，在一起往往貌合神離、相敬如冰。因此，老後分床、分房、分居、分手的例子，比比皆是。因此，如果一廂情願把配偶當成理想的老伴，恐怕會希望落空。

衛生福利部2014年「老年狀況調查」發現，六十五歲以上長者中，百分之六十五點七希望與子女同住，僅百分之十六願意和老伴同住；其中，百分之十點七女性想和老伴住，百分之二十一點九男性想和老伴住。所以，老伴不一定老了還想作伴。況且，如果因婚姻關係，而只死守著另一半，不但會窄化自己的生活圈，也會造成夫妻彼此的壓力。如果一半先走，另一半更是難以承受之痛。

過去，「老伴」是指婚姻關係裡的配偶，是孩子的爹娘。如今，社會價值觀改變，生活圈變大，所謂「老伴」就不一定是「另外一半」，而是泛指所有的「老來作伴」。很多時候，老年婦女的老伴往往不是自己的配偶，而是一群可以一起談天說笑、共同玩樂的「姊妹淘」，這些姊妹們常常相約，成為生活上真正的老伴。

美國密西根大學社會研究所（the Institute for Social Research）的資深研究員、心理學家托妮．安托努奇（Toni Antonucci）和研究生艾麗西亞．塔爾諾斯基（Alicia Tarnowski），曾經追蹤一百名退休族四年後的生活狀況，其中對生活最感滿意的退休族，平均有十六名可以依賴的朋友或熟人；不滿意退休生活的，則只有不到十個朋友。因此，他們得到一個重要結論：團體和情感方面的支援，是左右退休快樂與否的重要因素，影響程度更勝於金錢。即使保持單身，但有很多親近的朋友、家人、鄰居，參加有意義的組織，照樣可以擴大生活圈，享受精彩的老年生活。

加拿大籍暢銷作家柴林斯基（Ernie J. Zelinski）在《退休的智慧》（How to Retire Happy, Wild, and Free: Retirement Wisdom）一書中指出，快樂的退休生活必須要有堅實的社會支持，他認為退休後沒有朋友才是最貧窮的人。研究發現，老年生活女性的滿意度往往高於男性，因為，許多男人為了追求事業，往往忽略友誼，老了就發現沒有多少人可以作伴。

老伴是用心經營的結果，想要有人可以「老來作伴」，不能只有「隨緣」，朋友之間一定要花時間維繫，否則關係就會疏遠。老了，身邊有哪些人可能成為自己的老伴？兄弟姊妹、同學同事、球友歌友、左右鄰居、教友志工，甚至兒孫，都是晚年的老伴。

老伴，動物來做伴

不管小說或真實世界，都經常傳頌「老人與狗」的故事。法國民歌手多明尼各．馬象（Dominique Marchand）寫了一本《老人與狗》（Stille Nacht Zaubernacht）的書：一個無家可歸的孤單老人，在冰天雪地裡，有隻小狗跟著他，他分牠一小塊麵包，又唱歌給牠聽，產生惺惺相惜的感情，之後小狗願意以牠的魔法，讓老人實現一個願望，老人盼的是一隻小狗作伴，小狗竟甘心永遠放棄魔法，陪伴老人。

另一則根據真實故事改編的公益廣告，故事發生在阿根廷，主角是一個孤單老人和他的狗，他們一起生活、相依為命。狗每天都會準時叫老人起床，開啟新的一天。然後，老人開始準備自己和狗的早餐。吃過早餐，老人會帶著狗出去散步。逛商店時，狗會自己主動蹲在商店門口等著他的主人。老人和老朋友喝茶聊天時，狗也會很乖巧的趴在身邊作伴。

回家的時候，老人會買一些零食和狗一同分享。吃過晚餐後，狗會和老人一起坐在沙發上看電視。然而，有一天，老人病了。狗的狂吠聲驚動了鄰居，叫來了救護車。狗不知道發生了什麼事，但牠知道主人就在車裡，於是拚命追趕著飛奔的救護車。到了醫院，卻被醫護人員擋在了門外。從此之後，狗成為了醫院裡的常客，開始了日復一日，風雨無阻的等待。

經過漫長的守候，有一天，從醫院裡出來了一位剛開過刀要出院的婦女。狗看到這個女人，突然眼睛發亮，然後，衝進了女人的懷抱。因為老人由於突發腦血栓，無法治癒，但是老人將自己的器官捐給了這個女人。長久的依偎，讓狗狗看到這個女人之後，一下就聞出老友的存在。老人雖然已經離世，狗再也見不到老人，但老人卻以另外一種形式，繼續陪著自己狗。

晚年的生活會出現許多變化，隨著配偶及親朋好友的相繼離世，晚年不一定有人可以來作伴，因而越來越長的時間會感到生命的孤單。這時，動物伴侶就成為另外的選擇。

動物是最忠誠的伴侶，不管你富貴榮華、落魄潦倒，仍然不離不棄。動物在老人的日常生活中，增加了一份永恆的關愛，一份難以表白的支持。老人與寵物的關系，表現為相互支持和關懷。雙方都成為對方傾注愛心的對象，並且都獲得對方毫無保留的回報。在生活的壓力變得不堪承受時，這種關愛就成了鼓勵的源泉。當老人的生活環境出現重大變故時，伴侶動物就成為他們生命的助力。

「國際老化聯合會」(International Federation on Ageing) 與指導贊助單位拜耳醫藥保健

公司（Bayer HealthCare）聯合發佈對寵物對老年人健康影響的研究。在《伴侶動物與老年人健康》報告指出，寵物老人的身心健康產生正面的影響。

美國獸醫學和生物學專家研究發現，伴侶動物和其年邁的主人之間相互影響、相互依賴的關係，有利於老年人的生理和心理健康；擁有伴侶動物的老人生活更愉快，壽命也更長。科學實驗也証明，撫摸伴侶動物可降低人的血壓；擁有伴侶動物的老人，在心臟病發作時的幸存可能性，要大於沒有伴侶動物的老人。

老年最後的選擇，機器人來作伴

在少子化的年代，兒女都在外工作，老年越來越難享受天倫之樂，生活的陪伴往往就只有一部電視。為了減少生活的孤單，很多老人家即使睡了都不願關掉電視機，甚至讓它整天開著，就是想聽到人的聲音。

如今，人工智慧科技的發展，為孤單無依的老人，在不得已的情況下，提供另一種老伴的選擇。以色列新創企業 Intuition Robotics 公佈人工智慧機器人伴侶 Elli．Q，名字的靈感來自於晚年在摔跤比賽中，打敗雷神 Thor 的北歐女神 Elli，結尾多了一個 Q，是為了提高喚醒詞的辨識度。它綜合運用了認知計算、自然傳導技術、語音辨識技術，以及電腦視覺等技術，能主動與老人互動，並且提供活動的建議。公司強調這款機器人，將幫助老年人更好的使用科技產品，與家人更好的互動。

Elli．Q 設計並不像機器人，它沒有眼睛和嘴巴，長得像一個小蘑菇形燈，會通過閃光、轉頭和點頭來表示對人的識別，還會模仿人的頭部動作來做表情。當有人走進房間時，Elli．Q 會像小狗一樣點頭示意；它能夠理解語境，並能在老年醫學專家，和其家人預設好的一系列目標下，自動做出決定。家人也可以幫忙上傳老人家的基本資訊，如他們喜歡早起還是晚起、何時需要服用何種藥物、有事該聯繫哪些家人等等。

甚至，能夠主動和老主人進行互動，會從老主人的過往中獲取經驗，知道何時是聽歌、玩數獨或散步的最好時機。甚至主動提議觀看 TED 演講、聽音樂、玩遊戲，和聽有聲書等數位內容活動；當外面風和日麗時，還能提醒老主人到戶外散步；還會詢問主人，是否想要透過 Facebook Messenger 等即時通訊平臺，與家人或朋友進行聯繫。

Intuition Robotics 的執行長兼創始人多爾・斯庫樂（Dor Skuler）表示，Elli・Q 既是傳訊協調員也是教練，很好溝通，操作簡便，善解人意。而且有助於老年人積極生活，對健康和認知都有很大的助益，讓身體恢復得更快，也能更好地享受生活。Intuition Robotics 發現，當提議老人家參與某項活動時，他們往往會接納那些量身打造的專屬建議。

此外，美國最大的情趣玩具工廠 Abyss Creations 公司表示，目前已研發出第一代性愛女機器人 Harmony，並且即發售。設計者麥克穆倫（Matt McMullen）表示，十二種人格包括括天真、善良、性感、友好、害羞等。強調 Harmony 能透過與人溝通產生情感連結，「她很容易愛上你」，但感情如何發展取決於擁有者的選擇，同樣不同人格就會有不同的感情變化。

然而，這項產品仍然充滿道德的爭議，甚至被批評為性別歧視。當然，人工智慧機器人不論如何高端發展，都不能取替人與人之間互動的溫度，不過有了像 Elli・Q 這樣的機器人，如果能促進老年人健康、積極地享受獨居生活，似乎是老年人不錯的生活伙伴。在充滿人情冷暖世界裡，甚至，可能成為未來的趨勢。

第八篇 free and easy

身體

不老，虛假的青春模仿。

老年的身體焦慮

身體是老年生活的主要面向之一，甚至是影響人生幸福的最根本關鍵。一來，老化的最初跡象，大都是從身體顯露出來，例如白髮、皺紋、酸痛與緩慢。當頭上長出第一根白髮、臉上浮現明顯的皺紋、偶而感到膝蓋疼痛或力不從心時，很多人往往會不經意、略帶焦慮的喃喃自語：「我是不是老了？」

隨著年紀的增長，身體在生活中的重要性也越來越高。有句話說：「年老，如果身體不好，一輩子的努力都是白費。」老年人聚在一起，話題總離不開身體，包括健康、運動、養生、疾病與醫療。我們會發現，無論事業多大、官位多高、錢財多少，老了，生活的關注都會眾生平等的回歸到身體的面向。

二來，老年的汙名化，最主要也源自於對老年身體的醜化與弱化。在街頭上、車廂內，或其他與老年有關的標誌，都帶著畸形、虛弱的形象，例如駝背老太太、拄著拐杖的老先生。美容業者也常常會語帶嘲諷和恐嚇的說：「別讓皺紋與白髮洩露你的年齡」。青春崇拜的社會，人們迷戀年輕的肉體，在「變老等於變醜」的年紀壓力下，很容易形成老年人對自己的身體產生焦慮。所以，不論「抗老」、「凍齡」或「逆齡」，都是以身體為目標。

現實生活中，老化的身體確實也造成工作或人際的障礙，尤其是女性。2009年，五十三歲的英國BBC節目主持人米莉安・歐雷莉（Miriam O'Reilly），因拒絕接受製作單位的建議，去施打肉毒桿菌、雷射美容，而遭撤換，迫使她必須告上法院為皺紋而戰。

台灣美食節目主持人陳鴻，身材維持得很好，頭髮也烏黑茂密。五十二歲受邀上中天《就是娛樂》節目時說：「我不想老，我也不允許我老。」他說，若真到了雞皮鶴髮的階段，他會效法劉文正把自己藏起來，只讓觀眾記得他最好的樣子。如今，對老年身體的焦慮和恐慌，就像一種社會瘟疫迅速的傳染開來。雖然，現在人類擁有比以往更長的壽命、更健康的生活，卻要花費更多時間去擔心老化的問題，有人甚至希望能在老去之前死去。

2013年8月15日，馬丁・曼利（Martin Manley, 1953-2013）在他六十歲生日這天，凌晨五點，進入美國堪薩斯市郊區的一處警局停車場，走到最南角落一棵樹下，用手機打了

911。他跟奧弗蘭公園（Overland Park）警察局的人說，南邊有人自殺。然後這位部落格作者、前堪薩斯市星報的週六夜專欄體育編輯，掏出.380手槍，對準自己頭部開了槍，留下了一筆可觀的遺產。

智商一百五十六的曼利，自稱有良好的健康和幸福感。他財富穩健，有價值二十萬美元的黃金投資；他並不抑鬱，一直在教會唱詩班唱歌，每個月都玩他喜歡的撲克牌遊戲；他說自己並不寂寞，只是覺得六十歲已經夠老了，最好的歲月已經過去。他無法面對年老體弱的未來，最後自己選擇結束的時間和方式。

老年人常常感嘆身體大不如前、疾病纏身。有些時候，老年的身體焦慮，其實是憂鬱症狀的表現。七十多歲的李老太太，常常抱怨全身上下都不舒服，家人問她痛在哪裡，她一下子指著胸口、一下子按著肚子，或說全身都痛，但又指不出具體位置。家人帶她看遍心臟科、腸胃科、家醫科、骨科，檢查結果除了膝蓋退化外，沒什麼其他大問題，但李老太太卻一直說自己快死掉了，痛苦到活不下去。最後轉去精神科就診發現，事實上是老年憂鬱症的問題。

美國心理學家艾莉莎・梅拉梅德（Elissa Melamed）寫的《鏡子，鏡子：不再年輕的恐懼》（Mirror, Mirror：The Terror of Not Being Young,1983）一書中提到，一位七十歲的女性，因右膝蓋疼痛就醫。醫生安慰她說：「妳已經七十歲了，還想怎樣？」她反駁說：「我左膝蓋也七十歲了，但它沒事啊！」

老年的身體焦慮，除了健康和外貌以外，也包括行動和姿態。宋朝王禹偁詩：「老態厭春華，病身憂宿醒。」很多老年人雖然走路不穩，仍然會堅持不用拐杖，就怕顯露出「老態」，遭受異樣眼光。多數人擔心有一天步履蹣跚、老態龍鍾，若是疾病纏身，整天躺在床上，更是生不如死。

英國西英格蘭大學（University of the West of England）教授妮可拉・拉姆西（Nichola Rumsey）的研究指出，百分之九十的英國成年人，都對自己的身體感到焦慮，許多婦女即使年紀已經超過八十，仍然會在意自己的外貌。大部分的老年照顧專家，都將焦點放在對疼痛和身體功能的控制。妮可拉針對一千兩百人的研究發現，健康雖然重要，但並非老年婦女日常對話的主題，對身體外表的焦慮，到晚年仍然一直持續。

許多老年人從鏡子裡，看到自己老化的身體，特別一些明顯可見的身體狀況，如皺紋、下垂、斑點或類風濕關節炎，常常造成情緒低落。甚至，一些身材不錯、身體健康的老年人，都必須為找回年輕的身體意象而奮鬥不懈。

妮可拉指出，老人並非不在乎外表，即使一些正常老化的跡象，都會讓老人感到抑鬱。當她們看到自己皺紋加深、皮膚鬆弛、身體下垂後，就不再用正面的眼光注視自己。許多人到了一定年紀就不再照相，就怕看到自己年華老去。因此，只要回想幾歲開始不想拍照，就可以測出老年身體焦慮的時間。

在恐老的社會，許多人都罹患了集體的身體焦慮症，形成非典型的身體畸形恐懼。一輩子勞碌，當年老靠岸休息，想要閒逸生活時，晚年卻仍然用年輕人的身材、體重和外貌，這種不切實際的身體幻象來困擾自己，不但導致自尊的降低，影響人際關係，也影響老年的幸福。

完美身體的迷思

這個世界，不管任何年齡，都在追求一種幾乎不曾存在的「完美身體」（perfect body），翻開坊間一些流行雜誌，我們往往必須面對「完美身體」的刺激和挑戰。很多女性洗澡照鏡子時，常常會在意的捏捏腰、抓抓屁股、推推胸部，不斷的挑剔自己的身材。身邊的密友也常提醒：妳似乎胖了些，或說，妳的臉鬆弛、膚色黯沉，搞得妳心煩氣躁。

雖然，每個人對「完美身體」有些不同的想法，但都難免受到社會壓力和媒體影響。日常生活中，所謂「完美身體」的形象，充斥在網路、電視、電影、報紙、雜誌的廣告。一些影藝記者和八卦雜誌的專欄作家，也常常尖酸刻薄的批評一些影星和名人的穿著、外貌、身材。每天一開眼睛，就會感受到很多人透過各種方式告訴我們，應該努力維持某種「完美身體」的形象。

流行雜誌或商品廣告中，對於「完美身體」的想像，模特兒往往是一個參照體。美國國家健康統計中心的調查發現，美國婦女的身高為五呎四吋，體重一百六十九磅。如果她們企圖從流行雜誌模特兒身上，平均五呎十吋、一百二十磅的身材，去想像「完美身體」，回頭看看自己，難免自慚形穢。在西方，女人「完美身體」除了身高體重外，還要具有性吸引力，包括金髮、棕色皮膚和大胸脯。當然，年輕更不可少。

從醫學觀點，體重指數（Body Mass Index, BMI）低於十八點五，都是屬於過輕體型，有礙健康。一百二十磅體重指數十七點二，那是不健康身體。體重過輕往往與貧血、營養不足、骨質疏鬆症、心臟問題有關，也容易導致疾病、感染和傷口癒合不良。就像美國的電視劇《完美身體》（perfect body）所演的，很多人為了追求「完美身體」，往往造成飲食失調，變成厭食症、暴食症。

美國男性平均身高為五呎九吋，體重約一百九十磅。在流行雜誌男性模特兒的標準身材是六呎一吋、一百六十磅，雖然他們不需要像女模特兒那樣纖細，但仍然要比一般男人瘦好多，當然肌肉線條不能少。不幸的是，很多人認為那才是「完美身體」。

年紀漸長，「完美身體」事實上是以青春的想像和記憶，來對抗、鄙視逐漸老化的自己。

就像五十幾歲的朋友吳莉一樣，正在考慮要不要去做拉皮手術，她總覺得自己看起來好累。就像很多人陷入年輕、年老之間的糾纏一樣，她的內心吶喊著：我還不老！但外表卻告訴她：不，妳老了！她不想再掙扎過日，她想讓自己表裡如一。於是，她去做了小針美容。這種外表和內心的差距，往往造成老化的身體焦慮。

從前，對自己身體和心理的分裂，形成「身體畸形恐懼」，會被視為個人心態有問題。然而，「我還年輕，我不老！」如今已經形成一種社會文化，產生集體的恐慌，「抗老」變成國民運動。這個社會迷戀年輕的身體，執著於青春肉體的視覺圖像，我們必須時時刻刻自我監看、仔細審視，去管理、美化自己的身體。對於許多「熟女」而言，最怕的是在自己的身體上，看到真實的歲月。

2013年，一名四十二歲的美國女演員，控告一個網站洩漏她的年齡，讓她在演藝圈失去了優勢。幾年前，有位加州的母親，坦承幫參加選美賽的八歲女兒，注射肉毒桿菌，以消除微笑時出現的「皺紋」。

有位牛津的十六歲少女，接受英國《獨立報》（independent）的訪問說：「年輕人身上有絕對不能老的壓力，就算過了那個年紀，還是得裡裡外外，當個永遠的十八歲。」另一個十七歲的女孩更直言不諱的說：「我不想要變成噁心的五十歲。」

愛爾蘭名作家王爾德（Oscar Wilde,1854-1900）的小說《格雷的畫像》（The Picture of Dorian Gray），描寫才華洋溢的畫家巴索爾（Basil Hallward），因緣結識了年輕俊美的道林．格雷（Dorian Gray），立刻請格雷做自己的肖像畫模特兒。巴索爾知道，這幅畫將會是他畢生傑作。肖像畫完成後，格雷驚艷於自己的美貌，心中的虛榮感隨之而生，他害怕自己將會失去青春年華，因此願意用靈魂交換，讓畫像中的自己代為變老。

一些老人家，總感覺自己的身體不夠完美，一邊注射膠原蛋白、肉毒桿菌、玻尿酸，也做皮膚雷射，吞葡萄糖胺、吃葉黃素、大豆異黃酮、月見草油，服用維他命B群、茄紅素，一邊上健身房、瑜珈教室，還要每天玩數獨，更要時時提醒：切記不要放縱自己，千辛萬苦希望塑造「新完美老人」的模樣。老年身體逐漸形成二元的對立：「新老人」VS.「舊老人」，健康、活潑、富裕的老人，對立於衰弱、退縮、窮困的老人。

拍過《西雅圖未眠夜》(Sleepless in Seattle)、《當哈利遇到莎莉》(When Harry Met Sally)的美國電影導演兼作家諾拉・艾芙倫（Nora Ephron），晚年在論及衰老和與之相伴的恥辱時，她更像是個哲學家。2006年，在她一本暢銷散文集《我那糟透了的脖子》（I feel bad about my neck）一書中，為自己的老年身體做幽默式的解嘲：

> 哦！脖子，雞脖子，火雞脖子，大象脖子。有垂肉的脖子，還有皺紋即將垂成肉的脖子。有細細的脖子和肥胖的脖子，鬆弛的脖子，像可麗餅的脖子，一圈一圈的脖子，佈滿條條皺紋的脖子，垮掉的脖子，斑駁的脖子……。你要剖開紅杉樹，才知道它有多老，但自己的脖子，就知道自己的年齡。

身體面面觀

然而，從古到今，世界上並沒有所謂「完美老人」的圖像和樣本，每個人都以獨特的方式成長、老化。有人將自己老化的身體，當作古董來珍惜，也有人將它看成糟粕而鄙視；

有人想盡辦法要消除歲月在我們身體刻劃下的痕跡，有人則順其自然，並且從身體的變化中，了解年齡增長過程，生命褪變的意義。換言之，每個人都有屬於自己的身體觀，形成各自一套的身體對待方式。

頹廢主義的身體觀

這個世界，有人非常積極的在經營、管理自己的身體，也有人非常不在乎自己的身體，甚至放縱自己的身體。常聽到有人說：「老了，就要對自己好一點，想吃甚麼就買甚麼。」這種人生苦短，「今早有酒今朝醉」的思維，就像十九世紀起源於法國的頹廢主義一樣，以享受、閒散、嘲諷、幽默的態度，來看待自己的身體。老了，身體就像一隻破皮囊，不必太在意它的外貌、形象，甚至不良生活習慣所造成的疾病，重要的是把握黃昏時光，放縱自己好好享受生活。

頹廢主義或稱頹廢派，源自拉丁文Decadentia，本義是墮落、頹廢，是十九世紀下半葉歐洲的一些知識份子，對資本主義社會表達不滿，而又無力反抗所產生的苦悶、彷徨情緒的反映。頹廢主義的老年身體觀，正是承繼這種不歌頌英雄、不闡述哲理，沒有良辰美景或戀情的主張，在黑暗領域、在醜惡事物中，去認識美的存在，將頹廢看成是精美、精煉、精緻的同義詞。

清晨運動時，我常遇到一位老者，口袋裝滿糖果，不停地往嘴裡送。問他會不會擔心糖尿病，他搖手說：吃糖是他每天最享受的事。其實，他早已罹患糖尿病，但仍然不願意戒掉吃糖的習慣。他說：「呷好死，毋通死無呷。」反正老了沒甚麼用，再吃也沒幾年，快樂就好。

頹廢主義的老年身體觀，可以說是對老年無用論，或老年歧視的另一種反動。由於生命找不到出口，只能用消極抵抗的態度，表達自己的苦悶與不滿。這些人不講究養生、也不做健身活動，秉持酒神（Dionysus）的生活風格，閒散、歇息、吃喝玩樂過日子。因此，即使知道喝酒傷身，也不願意戒酒而傷心。

台灣很多人都對 1941 出生的「阿勇伯」陳松勇並不陌生，出道超過四十五年，演過大大小小的電影，常常在電影中飾演江湖兄弟或黑幫老大，本土味與江湖氣息十分濃厚。風格豪邁又霸氣的陳松勇常以「訐譙」、「國罵」的形像出現在觀眾面前，風格獨樹一幟。1989年，陳松勇更奪得第二十六屆金馬獎「最佳男主角」，演技備受肯定。

陳松勇長期愛喝酒，飲食也是非常不忌口，想吃什麼就吃。老了依然如此，飲酒量還是很大。他曾表示自己「每天至少喝光一瓶高粱」。這位昔日的金馬獎影帝，未婚、獨居。他表示自己不追求養生，「想活到八十歲就好！」，生活就是每天看電視、找朋友聊天。他自嘲自己是個「獨居老人」，像「風中殘燭」般隨時會熄滅。外人看來不勝唏噓，但陳松勇說自己看得很開。

工具主義的身體觀

在資本主義社會中，身體的價值往往取決市場的價格，身體變成交易的工具，本身不具任何目的和意義。在工具主義（Instrumentalism）的思維下，身體往往變成商品化（commodification）的形式存在，人們開始用市場的邏輯，來經營自己的身體，「做身體」必須迎合主流市場的觀點。在年齡歧視的社會中，讓身體年輕化就成為很多人努力的目標。

很多明星為了在娛樂圈有更好的發展，只能追隨青春崇拜的社會潮流，在容貌、身材上花費大量的金錢和精力，希望讓自己的身體更有賣點。曾經贏得了英國電影學院獎最佳女主角，被認為是當代好萊塢的性感象徵的美國著名演員史嘉蕾·喬韓森（Scarlett Johansson,1984-），二十歲就開始使用抗老產品；曾演出《歡樂合唱團》的菲律賓裔歌手夏芮絲·潘喬潘高（Charmaine Charice Relucio Pempengco,1992-），為了讓自己在戲裡的角色看起來更稚氣未脫，十八歲就去打肉毒桿菌。

老年歧視與恐老症背後，反映的是資本主義世界中年輕霸權文化，認為年輕才是本錢，才有賣點。如今，市面上充斥著各式各樣的產品廣告，例如：高鈣奶粉、人壽保險、銀杏、抗皺精華露、生髮水，都不斷叮嚀你，透過各種方式留住年輕與青春，消除歲月不饒人的痕跡。

顯然的，在美容產業廣告的推波助瀾下，人們迷信「凍齡」，甚至「逆齡」。然而，英國社會學家莫莉·安德魯斯（Molly Andrews）在〈不老的誘惑〉（The seductiveness of agelessness）一文指出，所謂「不老」這種生命無限的概念，就是無視於我們的生命經驗，剝奪我們的生存歷史，只留下虛假的青春模仿。

女性主義的身體觀

身體一直是女性主義（Feminism）分析性別壓迫的核心，因為父權體制文化，正是通過強調男女身體方面的生物學差異，才使性別不平等獲得合法化地位。女性主義者一直致力於思考發生在女性身體上的一切，以及女性身體以何種方式塑造與「書寫」自我。

在早期思考中，一些女性主義學者堅決拒絕女性身體，以普遍的母親身份呈現，認為這是父權、異性戀社會，在女性身上強加的命運。然而，女性主義學者洛伊斯·麥克內（Lois McNay）認為，在傅柯（Michel Foucault,1926-1984）的影響下，今天的女性主義者對於這個問題的態度更為靈活，既把母親視為父權制主宰的主要支柱，也把它看成女性身份的來源。身體被理解為存在於生物與社會、政治權力與自我主體間的一個交叉點。

傳統的女性主義對抗父權體制，主張男女平等，但身體的展演卻往往下意識的向傳統陽剛氣質的男性傾斜。例如短髮、光頭、墊肩，只穿長褲，拒絕穿裙等等。後女性主義

（postfeminism）則讓女性比較多迴旋和選擇的空間，強調性別的差異，甚至彰顯女性獨有的特質。

然而，多數的女性主義者，仍然對老化的身體並無多大的關注。有些女性主義者，在對抗父權體制表現出無比的堅毅，但是對抗年輕霸權卻顯得虛弱無力。甚至，有時自身成為年齡歧視者而不自知。我們可以說，女性主義運動確實改變了女人的地位，但老年的身體處境，仍沒受到女性主義者應有的重視。

對老化身體的論述中，蘇珊．桑塔格（Susan Sontag, 1933-2004）指出「老化的雙重標準」，認為年紀對男人傷害不是那麼深，但對女人而言，青春、美貌幾乎等於女人的價值所在。所以，年紀大的婦女，總希望自己看起來更年輕，老年婦女的身體則被視為醜陋不堪。但她主要批評的焦點，仍然是男女不平等，而非年輕霸權文化的壓迫。

荷蘭烏特列支大學(Utrecht University)教授，凱西．戴維斯(Kathy Davis)倒是提出女性對老化身體進退維谷的困境。在《重塑女體－美容手術的兩難》（Reshaping the Female

Body：The Dilemma of Cosmetic Surgery）一書中，她指出女人可能是父權與資本主義共謀的受壓迫者，但也可能是為自己做決定的行動者。抗老也環繞著類似的兩難，特別是與性別相關時：一方面，可能強化與複製特定的美貌標準，製造年輕身體與老年身體的對立；另一方面，可能是個人選擇與能動性的展現。

後現代主義的身體觀

後現代主義（Postmodernism），是一個從理論上難以精準下定論的一種概念，因為後現代主要理論家，均反對以各種約定俗成的形式，來界定或者規範其主義。概括的說，後現代主義主張「去中心化」（decentralization）、反對單一理性、反對二元論對立，更反對功能主義和實用主義的生活文化。後現代主義者常常顛覆、反叛、否定、拒絕、抵制所謂客觀的真理，強調生命的各種可能性。

因此，後現代主義者不會認同「老人就要有老人的樣子」。老人不一定就是駝背、緩慢，不一定就是白髮、皺紋。世界上根本沒有標準老人的樣本，老年世界存在多種可能性。老年是一種從框框走出來的生命，可以按照自己的想法，去做自己的身體。

中國一位白髮老爺爺叫王德順，他和一般老人完全不同，七十九歲時帥勁的走上伸展台上，露出結實肌肉，因而一夕暴紅。1936年出生的他，老年走上跟一般刻版印象中的老人不同的道路。五十歲時進健身房、六十五歲開始騎馬、七十歲開始練肌肉、七十八歲騎摩托車、七十九歲走上表演舞台、八十歲開始接演電影，還要進軍米蘭時裝周走秀。

但是，王德順並不排斥、否定自己的年齡。在影片中，他很坦然的告訴大家：「我，王德順，今年七十九歲。」後現代主義者擁抱自己的年齡，但不會被年齡所限。老了不一定就是虛弱、就是古板，老年也可以性感、可以風騷、可以新潮。

阿嬤級的美國法裔模特雅斯米娜．羅西（Yazemeenah Rossi）告訴我們，老化沒有標準化的模式，也不應有制度化的規定，即使六十幾歲也可以很性感。已經有兩個孫子的羅西，至今仍然大膽地穿著比基尼，頂著一頭飄逸的白髮，火辣的活躍在伸展台。

自然主義的身體觀

「自然」一般而言，指的是處於正常狀態中的生命世界，也就未經人工改造的事物。有些醫療科技學家將衰老視　一種疾病，認為衰老並非是身體細胞導致的，而是在生命週期中，長期受環境衝擊和傷害，身體功能退化後患上的慢性疾病。但更多的生物學家認為，老化是自然的生命過程。

秉持自然主義理念的人，對老化總是持著平常心，甚至喜悅的接納。她們不以白髮、皺紋為恥，不想掩飾歲月的痕跡素顏以對。美國「母雞合作社」的成員芭芭拉（Barbara Delinksy），甚至認為老年是一種解放，不用擔心自己的外貌，也不需取得他人的認同。她說：

> 大家已經習慣透過廣告商的攝影鏡頭來看自己，但是，我現在已經可以用自然的方式，看到我這老女人身體的美麗。曾經餵養過孩子的乳房……，工作過、養育過、撫慰過別人的雙臂。現在的身體很適合我，我不想要她變得不一樣

不像現在喜歡手機自拍的人，都會情不自禁的使用「美膚」功能，奧黛麗·赫本（Audrey Hepburn）則認為皺紋是我努力掙來的，她強調「優雅是唯一不會褪色的美」。有些人儘管相信身體老化是自然的過程，還是會情不自禁的要求，能不能再慢一點，當然，如果可以「凍齡」那就更加美好。然而，對好萊塢女星葛妮絲·派特洛（Gwyneth Paltrow,1972-）來說，她從來就不打算針對外在來抗老。

在一本由 Goop 專家所編寫的《平實、純淨、美》（Goop Clean Beauty）一書的序中，葛妮絲·派特洛寫說：「從來沒有比現在感覺更美、更有自信。」生了兩個孩子的她進一步分享：「我覺得皺紋散發不可思議的性感，我不會想把它從臉上抹去，就像我也不會想回到過去一樣。」像日本七十歲女作家落合惠子，從二十年前開始，就只穿能回歸自然、寬鬆舒適的有機棉衣物；六十九歲的山口果林，六十歲後就不再染髮，總是以銀髮示人，感覺自在優雅。

1998 年憑藉「莎翁情史」奪下奧斯卡最佳女主角獎的她說：「皺紋、白髮我都不介意，這就是我！」1972 出生的她，自年輕進入以外型為評斷的好萊塢，葛妮絲·派特洛花了不少時間找回真正的信心，「我真心相信四十歲的女人的心靈又再次升級了，能夠找到自處的快樂。」她指出在流行文化，美是一種幻想；強調一種「純淨的美」（clean beauty），認為美是由內而外的延伸；主張「綠美」（green beauty）的生活風格，即使要化妝，也是越少越好。重要的，千萬不要讓憔悴搶走生命的風采。

就像蒙娜麗莎的畫像，笑容才是世界上公認最美的語言和容貌。從自然主義的觀點，雖然我們不能選擇容貌，但可以選擇笑容。身體的美，美在微笑，帶著和善、溫暖、關愛的微笑；身體的美，美在眼神，充滿堅毅、自信、溫柔的眼神；身體的美，美在舉手投足之間的從容不迫，在談吐、穿著、愛好中，看到優雅的品味。

抗老男女大不同

從前，身體汙名化僅限於女姓，現在許多男性也無以倖免。市場上，充滿許多為男士量身訂製的醫美服務和產品，從治療禿頭的「再生配方」，到全新逆齡計畫工程，企圖讓老年男性仍然擁有年輕的身體。

在韓國電視節目中，一位整形專家指出，最美的男性面部長寬的黃金比例是1:1.618，而且越貼近黃金比例的臉，越給人親近感。為了讓觀眾更接受自己，韓國男影星整形美容者不計其數。亞洲男人偏愛高鼻子、瘦小臉、墊下巴，所以隆鼻是最普遍的整形部位。西方世界不同，根據美國整形外科協會的統計，男性整形的原因並不單一，而「去女性化」的乳房卻是他們整形的主因。

艾莉莎．梅拉梅德（Elissa Melamed）說：「男人在鏡子注視自己，女人在鏡子尋找自己。」（Men look at themselves in mirrors. Women look for themselves）。抗老確實有男女差異，因為老年的身體焦慮不同。

從精神醫療的評量顯示，男性更年期引發的身體焦慮，包括一、性慾是否降低；二、是否感到缺乏活力；三、是否感到體力不足、耐力變差；四、身高是否變矮；五、是否覺得生活無趣；六、是否常沮喪、或悲傷；七、勃起時的硬度是否變差；八、運動時易疲憊；九、吃飯後易感到昏昏欲睡；十、最近工作效率不佳。可知，男人的老年身體焦慮，在於體力、耐力或效率。

如果老年女性要對抗的是「下垂」和「鬆弛」，老年男性最脆弱的就是「體力」和「持久」。所以，電視上，有種廣告不斷強調：「查埔人的體力！」對於許多男性而言，除了「補酒」以外，「威爾鋼」的出現可以說是最偉大的發明，因為，它克服了老年男性的最大恐懼。然而，威爾鋼的存在也等於撕破了老年男性的尊嚴，將年輕的身體作為老年的標竿，「重振雄風」成為身體的憧憬。

健康才是財富

我們常說：「健康就是財富。」老人尤是。老年常會懊悔的是：年輕的時候用健康換取金錢，年老時候用金錢換取健康。所以，有錢有健康，這些錢才叫「資產」，有錢沒健康，身邊的錢只能叫「遺產」。人生最遺憾的事，莫過於「錢在銀行，人在天堂」。

明白這些道裡，老年人沒人會不在意自己的健康。健康之道除了基因，不外乎生活習性、運動、飲食和環境。根據世界衛生組織報告指出，健康與長壽取決於下列因素：自我保健占百分之六十、遺傳因素占百分之十五、社會因素占百分之十、醫療條件占百分之八、氣候因素占百分之七。要維繫身體的健康，我們必須維持良好的生活習慣、戒掉一些不良嗜好、不讓身體過度肥胖、定期體檢、堅持運動、選擇良好的居住環境、工作不超負荷、平時關注醫學訊息、多動動腦筋。

昔日，中國國民黨重要人物，也是養生專家陳立夫（1900-2001），在歡渡他的一百歲生日時，分享他的養生哲學有四：一、養身在動，養心在靜；二、飲食有節，起居有時；三、多食果菜，少食肉類；四、物熟始食，水沸始飲。

一百一十四歲高齡在美國蒙大拿州辭世的華特·布魯寧（Walter Bruening, 1896 - 2011），有人研究他的長壽之道就是「少吃」。他生前有三十五年時間，都維持一天只吃兩餐的習慣。華特常常勸人飯要七分飽，他說當你還有饑餓感時，就應該毅然決然地從餐桌上退下；享壽一百一十六歲的日本男性木村次郎右衛門（きむらじろうえもん，Jiroemon Kimura, 1897-2013），在郵局工作三十八年後，退休到鄉下務農。主張要活就要動，他天天運動，直到呼吸停止。

然而，如何運動、如何飲食，才有益健康，自古以來就爭議不斷。例如有人主張多喝牛奶、多吃蛋，有人反之；有人主張吃白肉，有人主張吃紅肉；有人強調少油，有人要大家多喝好油；甚至，對於疾病，有人提出順勢療法，有人主張對抗醫治；有人主張充分營養是對抗疾病的關鍵，有人卻主張飢餓才是最好的療法。坊間的飲食健康的妙方，更不勝枚舉，雖然很多都沒有經過科學的證實，相信的人仍然不計其數。

甚至，已經有科學證據的健康之道，一段時間之後，也會遭到駁斥。這世界越來越少有永恆的真理，科學知識必須不斷的修正和改變。多年來，醫學、營養專家告訴我們，要避免三高就要少鹽。降低食物裡的鹽量，證實可以預防心髒病發作及中風。然而，2016年，極具權威的醫學期刊《刺胳針》（The Lancet），發表的研究報告指出，攝取過高或過低的鹽，都會增加心臟血管疾病以及死亡。

不過，這種「科學研究」還是存在諸多爭議，而且與實際經驗不符。例如，自從英國及日本設定加工食品裡鹽量的標準，由心髒病及中風引發的死亡率，就跟著下降。

現代人多以纖瘦為美，胖子總是不受歡迎。從醫學角度看，胖也會增加多種疾病的風險。然而，日本研究顯示，與偏瘦的人相比，四十歲時體重稍微超重的人壽命更長，能多活六至年。美國一項針對六百萬人，長達四十年的調查也發現，超過標準體重百分之十至十五的人壽命最長，死亡率最低。

臨床資料也發現，與瘦弱的老年人相比，微胖老人較不易發生流感、肺炎等急性感染，外科手術的預後效果也更好。原因在於，皮下脂肪稍多有利於儲存能量、抵抗寒冷、提高免疫力、保護重要器官，從而延緩衰老。

因此，胖瘦並非唯一健康標準，還要看體內脂肪更新代謝水準和運動量。如果一個人脂肪更新速度快，肌肉含量高，看上去壯實、健碩，每天能保證一定的運動量，哪怕稍微有點胖，這種體型仍然是健康。相反，如果一個人看上去很瘦，但脂肪代謝率低，又不運動，體內堆積的都是壞脂肪，還是不健康。

因此，即使科學研究的發現，有一天也可能被推翻。何況，科學和「偽科學」之間，一般人確實很難分辨得出來。

養心重於養身

從人瑞的研究發現，飲食、保健都各有其道、各異其趣，並無普遍性的準則。例如活到一百一十五歲的屏東縣三地門青葉村人瑞彭玉梅，最愛喝麥香紅茶；一百零四歲（有說九十七歲）的泰雅族柯菊蘭，天天喝保力達B加小米酒。據報導，不少日本百歲人瑞並不喜歡吃蔬菜，或少油的素簡食物，反而非常愛吃肉類、魚卵等高熱量食材，身體狀況依舊非常健康。

可知，人瑞們飲食之道其實大不相同，甚至有時還違反健康原理。老年學者研究發現，唯一共同點是，他們對生命都持著「正向思考」（positive thinking），以樂觀的態度面對生活的種種。

享齡一百一十七歲又一百三十七天的義大利阿嬤莫拉諾（Emma Morano, 1899- 2017），生前接受法新社專訪時，把長壽歸因於飲食。她說：「我每天吃兩顆蛋。我也吃餅乾，但我沒吃很多，因為我已沒牙齒了。」照顧莫拉諾逾四十年的護理師維加拉（Yamile

Vergara）說：「她的記憶力最讓我驚嘆，什麼事都不會忘記。其實，幽默感才是她的良藥。」過一百一十七歲生日，吹熄蛋糕上蠟燭前，莫拉諾阿嬤還詢問：「我的頭髮好看嗎？」。

享壽一百零九歲的基隆人瑞劉黃罔市，在一百多歲高齡時，除了耳朵有些重聽之外，身體仍舊相當健康。不僅樣樣吃、也樣樣玩，會到外頭串門子，還會叫孫子到廟口夜市買鰻魚羹、甜不辣給她吃。兒孫們觀察她的長壽秘訣，就是「笑口常開」。所以，在中國自古以來養生名言：上養心，中養氣，下養身。所謂「相由心生」，心理健康比身體健康來得重要，更精確地說，心理健康才是身體健康的根本。

所謂養心，就是避免不良情緒的影響．避免過度的耗傷心神，要學會修心養性。《素問．靈蘭秘典論》說：「心者君主之官也，神明出焉。…故主明則下安，以此養生則壽，歿世不殆…主不明則十二官危。」《備急千金要方．道林養性》上說：「多思則神殆，多念則志散、多欲則志昏、多事則形勞、多語則氣乏，多笑則臟傷，多愁則心懾，多樂則意溢，多喜則意錯昏亂，多怒則百脈不足……多惡則憔悴無歡。」

三國時期文學家稽康的《稽康中散集》上說：「修性以保神，安心以全身」，就是養生的核心和要點。正像《莊子》所說：「無視無聽，抱神以靜，形將自正，必靜必清，無勞汝形，無搖汝精，無思慮營營，乃可以長生。目無所見，耳無所聞，心無所知，汝神將守汝形，形乃長生。」

科學研究證實，精神心理因素會影響身體的健康。1977 年瑞士學者貝西朵芙絲基和索爾金（Besedovsky, H.D. & Sorkin, E）提出了神經 - 內分泌 - 免疫網絡學說（neuroendocrine-immuno-modulation，NIM），認為神經、內分泌、免疫三大系統可通過神經遞質、激素和細胞因子傳遞信息，形成整體調節網絡，維持機體對各種疾病的抵抗力；精神刺激直接作用於大腦皮質後，神經經傳導影響下丘腦、垂體，直接或間接經末梢效應激素作用於免疫系統。

由於情緒的影響，生理平衡受到破壞，將導致免疫機能下降，全身生理功能紊亂。人在生氣時，胃部肌肉會強烈收縮呈痙攣狀態，因而產生胃部疼痛，百分之七十的腸胃道病人，都與不良情緒有關；人在發怒時，交感神經極度興奮、大量釋放腎上腺皮脂素，可使心跳加快、血壓增高，高血壓患者極易導致腦出血或腦血栓形成；心臟病患者發怒時，冠狀動脈痙攣可誘發心絞病、急性心肌梗塞。

進入老年後，如果情緒不良，機體免疫力更容易失去平衡，這就是中醫講的正氣虛弱導致的陰陽失調，各臟器功能紊亂，極易導致疾病發生，所以老年人養生更要注意養心。

如何養心

養心之道無他，求其放心罷了。老了，最怕就是想不開、看不慣、又忘不掉一

些不如意的事。有位老同學，三個兒子都結婚生子，也各有不錯的成就，但卻常常以淚洗面。大兒子結婚要搬出去時，她說了重話：「只要你住到女方的家，我們就斷絕母子關係」。因為她覺得老家的房子又大又舒服，為什要急著搬走。老二老三也都有同樣的問題，一天到晚往外跑，讓她有被拋棄的感覺，常以孤單老人自嘲、自嘆。

一個非常有才華的舊同事，誠懇、熱心，寫了一手漂亮的書法，退休後常在孫女的小學，或宗親會等其他團體做志工，卻看不慣其他志工虛應故事，時常氣憤不已。還有一位鄰居張先生，以前是台電高階員工，退休後過著悠閒的生活。他有一位留學美國知名大學的女兒，三十多歲了沒有結婚，成天要左右鄰居、親朋好友幫忙介紹，偏偏女兒自視甚高，不願意屈就，讓他憂心忡忡、放心不下。

很多時候，人們都是自尋煩惱，煩心就傷神、傷身；想減少憂心，就要養心。老年養心大抵有幾個原則：想得開、看得慣、忘得快、輸得起、守得住和笑得出，才能不怒不憂，悠活過日。

一、**想得開**

想得開，是一種心境，一種生命態度。古人言：「大度容天下難容之物」；唐詩說：「春風大度能容物，秋水文章不染塵」。老了，如果對事想得開、對錢想得開，對人生的無常更想得開，就會心胸坦蕩，海闊天空，活著，就不會累。

二、**看得慣**

老年人，累積了一輩子對人對事的看法，容易有成見，常看不慣許多事。看不慣就會氣不過，氣不過就傷了心、傷了身。所謂「一樣米養百樣人」，沒有人是完美無缺，與其看到他的缺點，倒不如欣賞他的優點。

三、**忘得快**

老了，生命更加珍貴，不要讓那些你不喜歡的人、事、物不時地糾纏，不要讓今天的困擾，影響明天的生活。要知，這世界上沒有過不去的事情，只有過不去的心情。因此，要學習遺忘，忘掉不喜歡的人、不喜歡的事，以及令你煩惱的東西。

四、輸得起

人生不是下棋，要有輸贏；人生也不是殺戮戰場，一定是你死我活。曾經看過兩位長者在公園下棋，因輸贏爭得面紅耳赤，不歡而散。其實，輸得起，才放得下。輸了，又如何？從新再來就是了。

五、守得住

人生的幸福並非來自於成就，而是找到生命的方向。人老，要不被物慾所迷、不被邪思所惑；人老，不是就要拋棄自己的理想，不是行事就毫無原則，尤其涉及生命的意義，就需守住、堅持，因為那是自己活下去的理由。

六、笑得出

醫學研究證實，笑可以增強免疫功能、增強抵抗力，不僅是天然的快樂丸，也是天然的止痛劑。老了，看過人生百態，很多小事不必偏執，可以幽默以對、一笑置之，就是一種生命的豁達。

老年，當重養生。但養生不能只養身，更要養心；健康固然重要，只有健康就不知為何需要。鄰居一位七十幾歲的婦人，每天勤於運動，身體健康，健康也是她生活的唯一關注。但她常說：「我不想活太久，太累了！」反觀挪威一位九十二歲的老人，他不良於行，只能靠輪椅行動。然而，他每天早上會固定的打電話給一些獨居老人，為他們唱唱歌。他笑口常開，還說：「活著真好！」

生命的價值不在於它的長度，而在於它的深度和廣度。古往今來，不知多少帝王都追求長生不死，但如果找不到活著的意義，一般人稱羨的「長壽」卻可能成為一種負擔。印尼爪哇一名人瑞馬巴（Mbah Gotho）活了一百四十五歲（？），走過三個世紀，被認為是全世界最長壽的人，不過面對親人相繼離世，他卻感嘆地說「很想死」，最大心願就是死神快點來敲門。

南投縣一名出生於民國六年的王姓老先生，仍然天天晨跑五千公尺，下午偶爾還會騎單車運動，身體狀況比不少年輕人還要硬朗，也沒有罹患老人常見的失智症，思緒、邏輯都還相當敏銳，堪稱是位「超健康人瑞」。

但是當結縭數十載的妻子突然過世，遭受喪妻之痛後始終無法走出陰霾，更把妻子的死歸咎於自己太過長壽。這股罪惡感不僅沒有隨著時間流逝，反而越來越強烈。最後，下定決心，獨自跑到台中港跳港自殺，雖然被救起，但是他仍然死意堅決。因此，身體健康固然重要，但不是唯一。找到生命的價值，才會讓身體的健康顯示出它的意義。

國家圖書館出版品預行編目（CIP)資料

老是一種幸福：長年紀，也長智慧的八項思考/ 邱天助著.
— 初版. — 新北市：大喜文化, 2020.04
面； 公分. —（大人學；2)
ISBN 978-986-98362-1-0(平裝)

1.老年 2.生活指導

544.8 108019502

大人學 02

老是一種幸福

長年紀，也長智慧的八項思考

作　　者：邱天助
編　　輯：蔡昇峰
發 行 人：梁崇明
出 版 者：大喜文化有限公司
P.O.BOX：中和市郵政第 2-193 號信箱
發 行 處：23556 新北市中和區板南路 498 號 7 樓之 2
電　　話：（02）2223-1391
傳　　真：（02）2223-1077
E -mail：joy131499@gmail.com
銀行匯款：銀行代號：050，帳號：002-120-348-27
臺灣企銀，帳戶：大喜文化有限公司
劃撥帳號：5023-2915，帳戶：大喜文化有限公司
總經銷商：聯合發行股份有限公司
地　　址：231 新北市新店區寶橋路 235 巷 6 弄 6 號 2 樓
電　　話：（02）2917-8022
傳　　真：（02）2915-7212
初　　版：西元 2020 年 4 月
流 通 費：新台幣 350 元
網　　址：www.facebook.com/joy131499
I S B N ：978-986-98362-1-0